JOSÉ PAULO PEREIRA SILVA, PhD

MARKETING DE PERFORMANCE

APRENDA AS ESTRATÉGIAS DIGITAIS QUE TORNAM QUALQUER NEGÓCIO LUCRATIVO NA INTERNET

São Paulo
2022

© 2022 por José Paulo Pereira Silva

Todos os direitos reservados à Ideal Books. É proibida a reprodução total ou parcial desta obra sem autorização expressa da Ideal Books.

Ficha catalográfica elaborada por Marta de Souza Pião – CRB 8/6466

S586m	Silva, José Paulo Pereira, 1973- Marketing de performance : aprenda as estratégias digitais que tornam qualquer negócio lucrativo na internet / José Paulo Pereira Silva. – São Paulo : Ideal Business, 2022. 232 p. : il. color. ; 21 cm Inclui bibliografia. ISBN 978-65-84733-29-9 1. 1. Marketing na Internet. 2. Gestão estratégica. 3. Redes sociais. 4. Comércio eletrônico. I. Título.

CDD: 658.8
CDU: 658.8

Direção Ideal Books
Rackel Accetti

Coordenação Editorial
Raquel Andrade Lorenz

Redação e Parecer
Fabio Alexandre Mocelin

Projeto Gráfico e Diagramação de Miolo
Editora Coletânea

Aprovação
Ewerton Quirino

Capa
Guilherme Xavier

Revisão Ortográfica
Editora Coletânea

Imagem da Capa
Adaptada de Creativemarket.com/Galacticus

*A minha família, aos
amigos, mentores e colegas
da jornada profissional,
que sempre caminharam
juntos, incansavelmente,
em busca da excelência e do
crescimento mútuo.*

Prefácio 6

Autor 8

Introdução 10

Invista no digital para o
crescimento da sua empresa 12

Planejamento de marketing de performance... 32

Branding e performance no meio digital 54

Estratégia de impulsionamento......................... 74

Aposte em inbound marketing......................... 96

Conhecendo o funil de vendas 118

Criação de conteúdo de qualidade 140

Como divulgar um *site*
para atrair visitantes e clientes 160

Como tornar meu
e-commerce mais competitivo...................... 186

A Verdade por Trás do Marketing Digital...... 206

Referências.. 223

SUMÁRIO

PREFÁCIO

Tudo seria completamente diferente se esta obra-prima tivesse caído em minhas mãos há alguns anos.

Tive o privilégio de trabalhar há quase duas décadas com José Paulo e ouvir diretamente dele aquela frase do Bill Gates "em alguns anos vão existir dois tipos de empresas: as que fazem negócios pela internet e as que estão fora dos negócios". Hoje eu entendo, com todo know-how e empreendendo há mais de quinze anos em negócios na web, que se você não dominar as estratégias de marketing digital você será literalmente "engolido" pelos seus concorrentes.

A transformação digital já é uma realidade e está transformando o mundo B2B, e você leitor, como atual ou futuro empreendedor, precisa entender a dinâmica e aproveitar esta onda para reposicionar ou criar sua empresa utilizando a web para atrair os seus futuros clientes.

Assim como você, eu também passei pela experiência de decidir qual era a melhor estratégia de marketing digital para alavancar os meus negócios, ou seja, "por onde eu começo? Como eu escolho a empresa ideal para construir meu projeto? Como deveria ser o meu site? Eu devo criar um site institucional, um blog ou um e-commerce? E qual a diferença entre eles? Como meu lead "potencial cliente" me pesquisa na internet? O que funciona para o meu negócio: tráfego pago ou tráfego orgânico? Qual é o melhor deles? E qual é o momento ideal para investir em cada um deles? O que é SEO (Search Engine Optimization)? O que SEM (Search Engine Marketing)? O que é inbound marketing? Para que servem as mídias sociais? Será que os meus clientes estão nelas? Como posso atraí-las para o meu negócio? E como eu posso converter mais leads por meio do meu site?".

Tenho certeza de que pelo menos três das perguntas acima, ou se não todas, já passaram algum dia pela sua cabeça. Neste guia completo, José Paulo, com sua expertise, aplicou e viveu na prática todas as estratégias de marketing digital em seus negócios, e agora nos ensina como aplicar cada uma delas, sem rodeios e direto ao ponto.

Atuando como VP de Operações e Gestão de Equipes de alta performance nas empresas digitais de José Paulo, pude vivenciar todas as técnicas descritas com muita maestria e excelência, e que agora estão disponíveis para você, leitor. E um segredo aqui entre nós... grande parte delas foi empregada em mais de 30 mil clientes do Grupo Ideal Trends. Aproveitem esta jornada, durante a leitura, rumo ao sucesso dos seus negócios!

Romário Martins

Vice-presidente de Tecnologia | Grupo Ideal Trends

AUTOR

José Paulo Pereira Silva é graduado em Engenharia de Produção, Mestre e Doutor em Administração de empresas e Pós-Doutor em Relações Internacionais pela Florida Christian University (FCU/USA). É presidente e fundador do Grupo Ideal Trends, atualmente um conglomerado que já conta com mais de 30 empresas e mais de 100 mil clientes em 30 países e projetos de crescimento exponencial. Formou centenas de empreendedores e tornou colaboradores seus sócios. "Dividir é multiplicar!".

José Paulo também é Pastor na Igreja-Escola Ideal Way, onde busca evangelizar e mobilizar pessoas com métodos e ferramentas de ensino e aplicabilidade bíblica, além do equilíbrio nas 7 áreas da vida.

José Paulo é casado, pai de quatro filhos. Desde sua juventude, sempre foi ávido por resultados e muito trabalho.

Com uma visão aguçada para novos negócios, José Paulo não se limita apenas ao próprio crescimento, mas dedica-se também à formação e à mentoria de milhares de pessoas, dando a oportunidade para seus colaboradores tornarem-se sócios de suas empresas de forma meritocrática e seguindo seu modelo de liderar pelo exemplo, com a aplicação da cultura para todos no Grupo.

Durante esse período, por meio de seus direcionamentos, transformou pessoas simples e dedicadas em empresários de grandes resultados, entre eles jovens que já possuem sua liberdade financeira.

Tendo como base a integridade, resultados, constância e fé, e por acreditar que dividir é multiplicar, José Paulo tem prazer em passar todo o seu conhecimento para o desenvolvimento de pessoas em diversas áreas do mercado.

INTRODUÇÃO

Jornada de José Paulo

Começar um negócio dá sempre aquele frio na barriga. É como iniciar um namoro que a gente quer muito que se torne casamento. Mas, para dar certo, é preciso ter resiliência e persistência, porque os desafios vão surgir. Eu mesmo já tive negócios que fracassaram, e foi a partir dos meus insucessos que encontrei a chave para alcançar os resultados que tenho hoje.

No Grupo Ideal Trends, por exemplo, temos mais de 25 empresas e negócios que faturam milhões todos os meses, e tudo isso só foi possível graças ao poder do digital. Foi quando aliei a habilidade de vender com a internet que tudo se potencializou de forma exponencial. Claro que muita coisa mudou desde que comecei a trazer as estratégias digitais para dentro dos meus negócios, mas a grande vantagem é que pude acompanhar essas mudanças de perto, vendo o que funcionava e o que dava errado. Sabe aquela expressão que diz "na minha época era tudo mato"? Pois eu "peguei o facão" e fui entendendo e abrindo os caminhos para alguns negócios nos quais hoje somos líderes de mercado.

Para ilustrar, temos duas empresas de SEO (Search Engine Optimization) que trabalham posicionando nossos clientes nas primeiras páginas do Google, e nós começamos esse processo lá atrás, com uma metodologia desenvolvida e patenteada por mim mesmo e que funciona até hoje. Então, eu tenho muita confiança e segurança em tudo o que você vai aprender aqui comigo.

Independentemente se você está familiarizado ou não com os termos lead, copy, SEO, ROI, funil de vendas, persona, branding, inbound ou tráfego, já quero te dizer: não se preocupe! Este livro é um verdadeiro guia para você aprender e dominar cada um desses conceitos, assim como também suas aplicabilidades, ferramentas e as estratégias mais pertinentes para o seu modelo de negócio.

Digo isso porque o conjunto de informações que apresento aqui é bem amplo, o que não significa que você tem que sair aplicando tudo o que você vai ver de uma só vez. Caso você já tenha uma equipe de profissionais, é possível implementar tudo; caso você tenha uma equipe reduzida, ou mesmo, fazendo aquela brincadeira, caso você seja uma "EUquipe" e esteja neste momento tendo que aprender e fazer tudo sozinho, não se desespere e desenvolva o que estiver ao seu alcance. Pode ter certeza de que, com resiliência e persistência, os seus resultados vão chegar.

Acho importante reforçar isso, porque faturar com a internet virou moda e hoje muitos gurus passam a ideia de que basta ter uma boa conexão que já dá para você fazer o dinheiro cair na sua conta do dia para a noite, o que não é verdade!

Por isso, como eu prezo demais pela verdade, trazer este livro à vida é uma grande realização pessoal, porque todo o conhecimento que eu trago aqui vai possibilitar que você trilhe com segurança o seu próprio caminho dentro desse vasto universo que é a internet. Não importa se você vende produtos ou serviços; seja qual for o seu negócio, ao longo dessas páginas você vai encontrar tudo o que você precisa saber, na prática, para acelerar as suas vendas e consequentemente aumentar seus resultados. Boa leitura!

INVISTA NO DIGITAL PARA O CRESCIMENTO DA SUA EMPRESA

A internet começou a ser desenvolvida na década de 1960, de acordo com Ward (2009), durante a Guerra Fria entre Estados Unidos e União Soviética, sendo seu primeiro objetivo a proteção de dados estratégicos e comunicação. Foi em 1969 que, ao conectar o computador de duas universidades americanas, a Universidade da Califórnia e a Stanford Research Institute, que a internet começou a ganhar os contornos do que é hoje, um meio de comunicação universal.

Com o invento da World Wide Web, o conhecido www, o sistema começou a se tornar popular, sendo aberto ao público em geral em 1993 com o advento do primeiro navegador, o Mosaic. A sua ascensão foi meteórica, tendo em 1997 mais de 200 mil sites. Em janeiro de 2021, conforme dados do site Web Site Rating, existiam mais de 1,83 bilhão de sites na rede mundial de computadores, um número que cresce a cada dia.

Iniciou-se assim a era da informação, ou era digital, um período em que as transformações digitais e novas tecnologias propõem novos negócios e destacam a importância da presença no mundo digital. A informação e a tecnologia ganham destaque e são muito valorizadas.

Essa nova era mudou drasticamente as relações, sejam elas sociais, econômicas ou de consumo. Em poucos segundos, é possível se comunicar com diferentes pessoas em qualquer parte do planeta. Empresas antes limitadas ao seu espaço físico e localização podem realizar negócios em diferentes países. O ato de consumir um produto, antes restrito a uma loja, pode ser realizado através de uma tela e com o recebimento da mercadoria em seu endereço.

A informação tornou-se universal. O acesso a dados ficou facilitado e até mesmo instantâneo. Você se lembra ou sabe como era o processo de pesquisa antes da internet? As pessoas iam até a biblioteca para encontrar o livro ou a enciclopédia na estante, entre inúmeros outros, e copiar a informação para seu caderno ou folha com letra manuscrita.

Caso você tenha nascido após o ano 2000, você não deve ter vivenciado essa experiência. Seu contato com a tecnologia e a hiperconexão acontece desde o nascimento.

A internet é um modo democrático de disseminar informação, sua instantaneidade a difere de outros meios de comunicação. Você não precisa esperar mais pelo jornal da noite ou o exemplar impresso pela manhã para saber das principais notícias. A informação está a sua disposição a qualquer momento, basta acessá-la.

Além disso, um dos principais diferenciais da internet frente a outros canais de comunicação é a interatividade. A televisão, o rádio e o jornal possuem interação limitada com quem os consome. A notícia ou programa exibido na TV é transmitido ao espectador, porém não há um retorno imediato da audiência para o meio de comunicação. Já a interação com o usuário no mundo digital é dinâmica e instantânea. Através de comentários, reações e compartilhamentos é possível mensurá-la.

Com mais de 4,7 bilhões de usuários em 2021, ainda conforme dados do site Web Site Rating, a internet é um universo imenso e cheio de possibilidades. Por isso, quem deseja ter sucesso deve juntar-se a ela. A evolução digital, o advento da internet, fez com que a humanidade transformasse seu estilo de vida e mudasse seus hábitos.

Essa mudança foi possível graças à evolução tecnológica que ocorreu nas últimas décadas. Passamos de computadores imensos, que ocupavam um andar inteiro e só podiam ser operados por pessoas especializadas, para *desktops* com interface para o usuário comum, adequados para residências.

Nos anos 1980, foi lançado comercialmente o primeiro celular, o Motorola DynaTAC, pesando quase 1 quilo e com bateria suficiente para apenas 1 hora de conversação, o que era revolucionário para a época.

Na década de 1990, foram lançados aparelhos com mais funções além de apenas realizar chamadas, tinham agenda, bloco de notas, calculadora e a possibilidade de enviar mensagens de texto.

Inclusive, no final dessa década, surgiu o precursor do smartphone, o BlackBerry, primeiro celular com a possibilidade de enviar e-mails.

Com toda essa evolução das tecnologias, associada a redes de telefonia 3G / GPRS / EDGE, os anos 2000 foram responsáveis pelo *boom* dos smartphones como conhecemos hoje. Com *designs* cada vez mais modernos, inúmeras funcionalidades e aplicativos, além de conectividade proporcionada a qualquer hora e lugar, esses aparelhos se tornaram parte do cotidiano.

Segundo o IBGE, 79,3% dos brasileiros possuem um aparelho celular.

Essa transformação digital proporcionada pela internet e novas tecnologias invadiu as vidas das pessoas e a maneira como elas lidam com o ambiente a sua volta. A forma de comunicar mudou, ela pode ser feita por texto, áudio, vídeo e *emojis*.

O modo como as pessoas se relacionam com marcas e produtos também foi alterado, as pessoas falam sobre suas experiências com eles, sejam boas ou ruins. As empresas não podem mais apenas falar sobre si e as qualidades de seus produtos, devem se relacionar com seus clientes, conhecerem suas dores e necessidades.

A revolução digital transformou a vida das pessoas, surgiram novos consumidores, mais ativos e sedentos por informação e conteúdo. Cabe a você e sua empresa proporcionar isso a eles.

1.1 Transforme sua empresa em digital

Com mais da metade da população mundial usando a internet diariamente, com certeza os seus clientes também estarão conectados e esperando pelas suas novidades. Atualmente, os negócios não se resumem mais ao ponto de vendas, à loja, ao espaço físico. Inclusive, existem empresas milionárias que não possuem uma loja física onde você possa fazer uma compra, são totalmente online.

Segundo reportagem da revista Exame, a varejista online no setor de moda Dafiti, teve um faturamento de 3,4 bilhões de reais e sua base de clientes ativos chegou a 7,7 milhões, em 2020. São números expressivos que mostram as possibilidades que a internet proporciona ao seu negócio e ao seu crescimento.

Transformar sua empresa em digital passa por uma mudança na estrutura, formatos, procedimentos e, às vezes, até na cultura organizacional. Diferente das transformações tradicionais que são lineares, a transformação digital tem uma velocidade muito maior, por causa das novas tecnologias e inteligência artificial que surgem a todo momento.

Ao empreender digitalmente, você utiliza ferramentas para inovar e criar novos negócios na internet. Transformar sua empresa em digital não significa que você irá acabar com seu negócio físico, e sim que estará abrindo uma nova frente de negócios e ampliando seus horizontes.

Independente de comercializar um serviço, produto ou um infoproduto, o início de sua jornada no meio digital ocorre pela construção da sua presença na internet. Todos os dias são realizadas mais de 3,5 bilhões de pesquisas no mecanismo de busca Google e, para você fazer parte de todo esse potencial, é preciso ter um website.

1.2 Iniciando a jornada digital

Os sites são uma das principais ferramentas disponíveis na internet para divulgar seu trabalho. Compostos em sua maioria por diferentes páginas interligadas e organizadas a fim de estabelecer uma experiência com o usuário, possibilitam que sua empresa esteja disponível 24 horas.

Possuir um site significa poder divulgar seu trabalho na web, nele suas informações de contato, sua história, descrição de produtos e serviços, e demais informações, são facilmente encontrados, contribuindo para construir um bom relacionamento com seu cliente.

Além de sua importância institucional, ter um site gera grande impacto em sua estratégia digital, pois a ausência de posicionamento na internet pode transmitir falta de credibilidade e insegurança. É comum que um potencial cliente busque por seu site para confirmar que está se relacionando com profissionais.

Existem diversos tipos de sites que conversam com diferentes públicos e atendem necessidades variadas, os mais comuns são:

- **Sites institucionais** – simples, informativos e extremamente funcionais, consistem em fornecer informações sobre a empresa, disponibilizar localização e contato, e apresentar produtos e serviços ao público.

- **Sites dinâmicos** – pautados pela atualização constante, proporcionam uma comunicação facilitada e aproximada com o público. Como característica, são integrados a redes sociais e blogs, favorecendo o marketing de conteúdo e gerando uma maior experiência ao usuário.

- **Sites one page** – essa proposta moderna consiste na apresentação de todo o conteúdo da empresa em apenas uma página, de modo que o usuário role a barra lateral e as informações apareçam na tela gradualmente.

- **Landing pages** – página única (one page), criada com o intuito de converter o visitante em um lead[1]. São muito utilizadas em campanhas de marketing digital e proporcionam bons resultados de conversão.

- **Blogs** – são sites desenvolvidos para a publicação de material escrito e divulgação de ideias, conceitos e conteú-

---

1   Os leads são contatos de possíveis consumidores que deixaram seus dados e suas informações pessoais ou profissionais (como e-mail, nome ou telefone) em troca de alguma recompensa oferecida pela empresa.

dos. Muito utilizado em marketing de conteúdo, os blogs são dinâmicos e requerem constante atualização.

- **E-commerce** – são lojas virtuais, seu objetivo é a venda de produtos por meio eletrônico. É a sua loja física transportada para a internet. Podem ser tanto um canal de vendas de seus produtos como a atividade principal dos seus negócios.

Independentemente do tipo de site que você possui ou que será desenvolvido, existem características que necessitam de cuidado especial e que irão ajudar a impactar o público-alvo.

A usabilidade do site é um dos fatores que influenciam diretamente na experiência do usuário. A forma como as pessoas interagem e se comportam na internet se transforma a cada minuto, em poucos anos o acesso que era restrito a apenas computadores foi ampliado para aparelhos móveis, como celulares e tablets que possuem características próprias, como telas menores.

Pensando nessas diferentes formas de interação com um website deve-se desenvolver uma página que seja fácil, intuitiva e eficiente. A experiência positiva do usuário com a página da web é o que impedirá ele de ir ao mecanismo de busca e encontrar o seu concorrente.

A usabilidade do site deve se concentrar na experiência do usuário. Coloque-se no papel de cliente e analise como a jornada no site acontece. Isso contribui para verificar possíveis obstáculos que causam o abandono da visita.

Padronizar o visual colabora com a intuitividade, o usuário acostuma-se com a posição de botões e comandos e facilmente os localiza, interagindo com o site. Layouts simples e objetivos facilitam a navegação. É claro que, inovações são sempre bem-vindas, mas deve-se tomar cuidado para que ela não prejudique a experiência do usuário.

Com cerca de 60% dos brasileiros utilizando apenas o celular para acessar a internet, um site ser responsivo é uma obrigação. Sites responsivos, também conhecidos como *mobile friendly*, são os que adaptam o conteúdo e o layout de suas páginas conforme o tamanho das telas em que estão sendo exibidos.

Figura 1.1 – Exemplo de site responsivo

Fonte: Stock.adobe.com/Kaspars Grinvalds.

Todos esses cuidados têm como intuito aumentar o tempo de permanência no site, ou seja, o tempo médio que cada visitante permanece na página. Quanto maior for esse tempo, maior a possibilidade de aumentar suas conversões e captar clientes potenciais, e do usuário interagir com seus conteúdos.

1.3 Capte clientes com o marketing de performance

Com a jornada no mundo digital iniciada, através do estabelecimento de presença online e desenvolvimento de um website, surge a necessidade de atrair audiência para sua página e consequentemente potenciais clientes para seu negócio. Uma ferramenta extremamente útil nessa missão é o marketing digital focado em performance, ou seja, em resultados.

Para Kotler (2017), o marketing digital ou marketing 4.0 é a atualização do marketing. Ele compreende a realidade do consumidor conectado e leva em consideração informações disponíveis na internet sobre empresas e produtos, no momento da decisão pela compra.

A internet se tornou o meio mais usado para pesquisar o telefone de uma pizzaria, o endereço de um restaurante ou o valor de um serviço. Portanto, estar bem-posicionado e presente onde seu cliente realiza as buscas é a chave para o sucesso.

A pesquisa realizada pelo NZN Intelligence, em 2019, mostra que 74% dos consumidores brasileiros preferem comprar online.

63% das experiências de compra começa no online
80% das compras online são feitas pelo smartphone
62% dos consumidores fazem compras online mensalmente

O consumidor atual necessita de mais do que apenas a promoção de um produto em diferentes plataformas para ser conquistado, com o amplo acesso à informação ele busca conhecer mais sobre a empresa, suas crenças, seu posicionamento e ações. Além do mais, busca interação, ser ouvido e atendido em suas necessidades.

De acordo com o levantamento realizado pela NZN Intelligence sobre a jornada de compra online no Brasil, 88% dos consumidores buscam informações dos produtos antes de decidir pela compra.

Conquistar esse consumidor antenado e atento, exige um planejamento em marketing digital com o objetivo de negócio claro, a partir de ações que devem ser executadas nas diferentes mídias sociais para gerar tráfego de usuários para os canais de vendas e conversão.

O tráfego significa o número de usuários que navegam em sua página da web, redes sociais e blogs. Quanto maior for o número de pessoas que passam por um de seus canais de interação, maior será a chance de realizar um negócio. Imagine que seu site é uma loja física e por ela passam todos os dias milhares de pessoas, a possibilidade que um negócio seja sacramentado é extremamente alta.

Existem pelo menos 6 tipos de tráfego:

- **Tráfego orgânico** – é quando o público chega até seu conteúdo sem que seja necessário investir dinheiro para isso. A forma mais comum disso acontecer é através de mecanismos de buscas, por isso um bom posicionamento e produção de conteúdo de qualidade aumentam as chances de seu resultado aparecer na primeira página do buscador. O público advindo do tráfego orgânico é altamente qualificado, pois buscou e foi direcionado ao conteúdo fornecido.

- **Tráfego pago** – através de investimento em campanhas e anúncios, são captados visitantes para sua página. Nessa modalidade, não é o usuário que busca o conteúdo, mas o conteúdo é ofertado a ele. Os resultados com tráfego pago são percebidos mais rapidamente do que os do orgânico. As plataformas mais utilizadas na estratégia de tráfego pago são Google Ads e Facebook Ads. É muito importante antes de iniciar uma campanha em tráfego pago saber quem é seu público, a delimitação de quem você deseja atrair com seus anúncios possibilita atingir as pessoas certas e não desperdiçar investimento.

- **Tráfego de referência** – funciona como um sistema de colaboração em que o seu conteúdo ganha autoridade através de links adicionados em textos de sites de terceiros. Assim como é grande a influência da indicação de um amigo ou conhecido na escolha de um produto e serviço, quanto mais indicações e referências seu conteúdo recebe de terceiros os mecanismos de busca reconhecem seu conteúdo como relevante, melhoram seu posicionamento na página de pesquisa e ele recebe mais destaque, gratuitamente.

- **Tráfego direto** – é quando o usuário digita no navegador o endereço do site sem precisar passar por um mecanismo de busca como o Google, então não há intermediários. Esse tráfego não necessita de investimento em campanhas ou preocupação com regras de SEO[2]. Tráfego direto tem a ver com fidelização, tornar seu conteúdo tão marcante e importante para o usuário que ele o procure como primeira opção.

- **Tráfego social** – existem cerca de 4,66 bilhões de usuários de redes sociais em todo o mundo, no Brasil o índice chega a 66% da população, conforme relatório desenvolvido pela We are Social e Hootsuite. Dessa forma, é impossível ignorar o potencial advindo das redes sociais. Através do conteúdo gerado, é possível captar leads para suas páginas, pois o usuário ao seguir a sua conta demonstra que já possui interesse, o que pode vir a facilitar a conversão.

- **Tráfego de e-mail marketing** – a caixa de e-mail é extremamente relevante em uma estratégia digital, segundo dados da Rock Content mais de 90% dos adultos possuem uma conta de e-mail. O contato direto com o usuário transmite pessoalidade e intimidade, ele se sente único e especial, o que aumenta a chance de conversão. O simples ato do fornecimento do e-mail no cadastro de um website ou newsletter já demonstra interesse da pessoa e gera um lead altamente qualificado.

A escolha do canal, por onde será originado seu tráfego, deve ser baseado no perfil do público que você deseja atrair e no tipo de conteúdo que quer desenvolver. Como existem diversos tipos, como redes sociais, portais de vídeo, tráfego orgânico e pago, a estratégia pode e deve envolver mais de um canal. Lembre-se, seu cliente pode estar em diferentes locais.

No marketing de performance, o Custo de Aquisição de Clientes (CAC) e o Retorno sobre o Investimento, cuja sigla em inglês é ROI, são fatores importantes na escolha do canal a ser utilizado.

---

2   Search Engine Optimization, que, em português, significa Otimização para Mecanismos de Buscas.

O CAC consiste no resultado da soma dos investimentos realizados em marketing e vendas divididos pelo número de clientes conquistados no mesmo período. Por exemplo: se no mês foi investido na aquisição de clientes o valor de 10 mil reais e obteve-se vinte novos clientes, o seu CAC será de R$ 500.

Para calcular o CAC, não se deve levar em conta apenas o valor investido em marketing digital. Esse índice engloba indicadores mais amplos como: salário da equipe, ferramentas utilizadas, investimento em mídia, eventos, ou seja, tudo o que é feito para apresentar o produto, captar leads e gerar oportunidades de negócio.

O ROI calcula o retorno obtido pelo investimento realizado em cada canal. Com ele, é possível mensurar o resultado de campanhas, ações de marketing e demais iniciativas realizadas. Para obter o ROI, deve-se subtrair a receita obtida no período pelo custo e o resultado dividir novamente pelo custo.

$$ROI = \frac{Receita - Custo}{Custo}$$

Exemplificando: em uma campanha realizada no último mês, obteve-se o faturamento de 100 mil reais com investimento de 10 mil. Utilizando a fórmula, temos:

$$ROI = \frac{100.000 - 10.000}{10.000} = 9$$

Ou seja, o retorno foi igual a 9 vezes o investimento inicial, em porcentagem igual a 900% de retorno.

Os dados obtidos através dos resultados do ROI e CAC são preciosos na criação de estratégias, assim, podemos selecionar os canais e as ações com maior retorno e conversão. Para verificar se os resultados do ROI e CAC estão positivos e que são sinal de sucesso, é preciso confrontá-los com outros indicadores, como o ticket médio na venda de produtos, e o Lifetime Value (LTV) para negócios recorrentes.

O ticket médio é facilmente encontrado ao fazer a média dos valores de vendas em um período. Sua função é mensurar o desempenho da equipe comercial e o desempenho das vendas, quanto maior for o ticket médio mais seus clientes estão gastando com seus produtos.

A fórmula é simples:

$$ticket\ médio = \frac{faturamento\ do\ mês}{quantidade\ de\ vendas\ no\ mês}$$

Tão importante quanto conquistar um cliente é mantê-lo fiel e consumindo de sua empresa, quanto mais duradouro for esse relacionamento mais saudável será o negócio. É através do Lifetime Value que calculamos esse indicador que simboliza o valor vitalício de um cliente.

Basicamente, com esse indicador, é calculado o valor que o cliente gastou com a empresa durante o período em que se relacionou com ela. Imagine que o valor médio gasto por seus clientes seja de 400 reais por mês, sendo que todo mês são realizadas transações. Considere que a média anual de transações por clientes é de 12 (1 por mês) e o tempo médio de relacionamento entre empresa e cliente foi de 3 anos.

$$LTV = \underset{(ticket\ médio)}{400} \times \underset{(número\ de\ compras\ ao\ ano)}{12} \times \underset{(tempo\ de\ duração\ do\ contrato)}{3}$$

$$LTV = \left(R\$\ 400 \times 12 \right) \times 3$$

$$LTV = R\$\ 4,8\ mil \times 3$$

$$LTV = R\$\ 14,4\ mil$$

O valor total investido pelo cliente durante o período que ele se relacionou com a empresa foi de 14,4 mil reais. Caso o tem-

MARKETING DE PERFORMANCE

po de permanência seja menor do que um ano basta apenas multiplicar o ticket médio pelo número de compras total.

Ao confrontar o LTV com o CAC, é possível saber se o valor gasto para adquirir um cliente está muito alto. O CAC é seu investimento na aquisição de um novo cliente, é um custo que acontece antes da venda. Se ele for muito próximo do seu LTV, o valor que será recebido após um certo período advindo desse cliente adquirido, significa que o desempenho de seu negócio não está satisfatório. O ideal é sempre manter o CAC mais baixo que o LTV.

No marketing de performance, todas as ações e estratégias são estabelecidas a partir da análise desses dados. A evolução tecnológica permitiu que essa mensuração fosse feita em tempo real, possibilitando que os ajustes ocorram rapidamente.

O conhecimento desses dados facilita a identificação de gargalos que possam existir e atrapalhar o cliente no processo de compra. Dessa forma, é possível treinar e instruir a equipe de vendas a trabalhar o lead enquanto ele está quente[3]. Diminuindo o tempo de resposta ao lead, aumenta-se a janela de oportunidade.

Em inbound marketing[4], janela de oportunidade consiste no momento mais favorável para entrar em contato com o lead. Essa janela varia de acordo com o comportamento do lead. Um usuário que interagiu em alguns momentos com seu blog não significa que está aberto a receber um contato para venda, mas sim a novos conteúdos.

Porém, uma solicitação de orçamento via e-mail, por exemplo, deve ser respondida o mais rápido possível. Pesquisa realizada pela Inside Sales indica que ao retornar para um lead em até cinco minutos aumenta a chance de sucesso em cem vezes comparado com outras em que houve uma demora de trinta minutos.

---

3   Lead quente é um usuário que, depois de interagir com sua empresa digitalmente, continua mostrando interesse e mantendo contato com ela.

4   Inbound marketing é uma concepção do marketing focada em atrair, converter e encantar clientes.

Ao demorar muito tempo para responder um lead, corre-se dois riscos:

- O lead esfriar e, assim, perder o entusiasmo e até mesmo desistir da compra.
- O lead pode entrar em contato com diferentes concorrentes, que podem responder antes e fechar o negócio.

A conversão, após todo o trabalho com canais, tráfego e métricas, é de suma importância para o sucesso do seu negócio. Aliás, a conversão é comumente associada à venda, mas esta é apenas uma de suas formas. Dependendo da estratégia e canal utilizado, a conversão pode ser simplesmente o preenchimento de um formulário para download de um e-book. Ou seja, trata-se de algo mais amplo.

No marketing digital, existem diferentes tipos de conversão:

- A venda ocorre quando um produto ou serviço é adquirido como resultado de uma ação realizada através de uma campanha em mídia paga, por exemplo.
- O fornecimento de dados é quando o usuário preenche um formulário para fazer o download de um material ou conteúdo do site.
- A conversão social acontece através do compartilhamento em redes sociais de um link ou conteúdo. Assim, o usuário recebe acesso a um material exclusivo como recompensa.
- O e-mail marketing é uma importante ferramenta na conversão, trata-se de ações em que o e-mail possui um link com uma chamada para ação, o Call to Action (CTA).

Ao atrair o cliente potencial, é necessário envolvê-lo para que ele avance no processo de compra.

DICA
O uso de landing page exclusiva para um produto aumenta a taxa de conversão.

Converter um lead em venda é um processo que requer muita atenção, criatividade e estratégia.

1.4 Redes sociais, presença obrigatória

Com praticamente 140 milhões de brasileiros utilizando as redes sociais, somos uma das populações mais influenciadas no mundo pelos conteúdos postados nessas redes, conforme pesquisa da Comscore, em 2020.

Em seu estudo, a Comscore contabilizou cerca de 24,4 bilhões de interações no Facebook, Instagram e Twitter de influenciadores, marcas e *publishers* - número 25% maior do que o registrado em 2019. Fora isso, em 2020, foram contabilizadas 9 milhões de publicações nessas redes, 21% a mais que no ano anterior.

CURIOSIDADE
Conteúdos sobre educação e finanças foram os que mais cresceram em interações em 2020, com 60% e 47%, respectivamente.

Esse universo possibilita um alcance enorme do conteúdo e visibilidade para produtos e serviços. Estar onde o seu público está, com possibilidade de interagir com ele e conhecer suas necessidades, é de extremo valor.

O marketing de performance utiliza as redes sociais com bastante frequência, sendo um dos pilares de contato com o público. Com a infinidade de dados que essas redes captam e fornecem, tem-se em mãos um mapa detalhado e rico em informações.

Com conteúdos orgânicos ou pagos, é possível ter métricas precisas que determinam como está o andamento de uma campanha, o alcance de um conteúdo e quais caminhos podem ser aproveitados e seguidos. O número de impressões, cliques e compartilhamentos revelam o engajamento da audiência com suas publicações, apresentando qual o potencial na captação de novos clientes.

Compartilhar conteúdos, comercializar produtos e serviços, interagir com prospectos e clientes trazem possibilidades únicas como poder compartilhar sua visão ou de sua empresa. A personalização da mensagem e as interações diretas com os clientes propiciam um relacionamento mais customizado e direto.

Segmentar sua audiência de acordo com características do público que possui mais identificação com seu produto ou serviço, diminui esforços e custos, além de captar dados e informações importantes sobre gostos, desejos e necessidades dos clientes.

As redes sociais podem ser divididas em diferentes tipos, de acordo com as necessidades e objetivos dos usuários. Elas podem ser englobadas em:

- **Redes de relacionamento** – todas as redes sociais têm o propósito de relacionamento entre pessoas, porém algumas possuem isso como objetivo principal, caso do Facebook. Mas, Instagram, LinkedIn e Twitter também são consideradas como pertencentes a esse grupo.

- **Redes de entretenimento** – são as redes que têm como objetivo principal relacionar o público com o conteúdo fornecido. A principal rede desse tipo é o YouTube, maior plataforma de distribuição de vídeos do mundo. Além dele, há o Pinterest que permite o compartilhamento de imagens e a Twitch, com o compartilhamento de conteúdo de jogos e variedades.

- **Rede social profissional** – o objetivo é criar e estreitar relacionamentos profissionais, divulgar projetos, currículos e vagas de emprego. O LinkedIn é a rede mais conhecida desse tipo, porém redes que não possuem esse propósito como o principal também são utilizadas nesse sentido, casos do Instagram e YouTube, por exemplo.

Redes de nicho – são voltadas a públicos específicos, como o TripAdvisor que atribui notas e comentários a respeito de atrações gastronômicas e turísticas, ou o DevianArt, uma comunidade utilizada por artistas visuais a fim de divulgarem seus trabalhos.

Sendo o Brasil um dos países que mais utilizam as redes sociais, fazer-se presente nessas plataformas é essencial. Portanto, é imprescindível a presença digital pelo menos nas seguintes redes:

Facebook – principal rede social atuante no Brasil, com pelo menos 130 milhões de contas de brasileiros. No mundo, são mais de 2,7 bilhões de contas ativas. Versátil e abrangente, possui muitas funcionalidades na mesma plataforma. No Facebook, é possível compartilhar fotos, stories e vídeos, realizar *lives* e interagir com o público através de comentários nas postagens ou via mensagens. Essa rede social disponibiliza contas pessoais e empresariais, nas quais se pode fazer campanhas com anúncios pagos, com possibilidades de captação de leads, segmentação de público, teste A/B[5] e com diferentes formatos de publicação. Integrado ao Instagram, possui enorme alcance no mundo digital.

Instagram – criado e desenvolvido para o acesso por smartphones. Comprado pelo Facebook em 2012, os cerca de 100 milhões de usuários no Brasil fazem do país o terceiro com mais contas nessa rede social. Com seu início focado no compartilhamento de momentos pessoais por fotos, a rede passou por diversas mudanças e atualizações, sendo possível hoje publicar também vídeos curtos e longos com o IGTV, stories, Reels e a realização de lives. Integrado ao Facebook, pode-se realizar campanhas de anúncios pagos no feed, bem como de publiposts. O Instagram possibilita a empresa humanizar sua marca deixando-a mais próxima do seu cliente.

---

5 Testes A/B realizam comparações entre variáveis de marketing, com o objetivo de definir qual variável gera as melhores respostas.

- **YouTube** – plataforma focada na distribuição de conteúdo em formato de vídeo, conta com mais de 2 bilhões de usuários ativos e cerca de 1 bilhão de horas de vídeo visualizados todos os dias. Muitas empresas e profissionais utilizam o YouTube para difundir conteúdo, sendo a grande maioria dos usuários seguidores de canais de marcas e produtores de conteúdo. O YouTube também possui um sistema de anúncios pagos que são inseridos antes, durante ou depois da exibição dos vídeos. Para os usuários, o conteúdo é o destaque, ficando em segundo plano o interesse em personalidades. É muito utilizado por quem busca por reviews, tutoriais e dicas. Nos últimos anos, as lives e a possibilidade de reprodução dos vídeos em smart TVs impulsionaram ainda mais o alcance da plataforma.

- **LinkedIn** – parecido com o Facebook em suas funcionalidades, o LinkedIn se diferencia pelo foco na relação e contato entre profissionais. Muito utilizado por empresas e profissionais de recrutamento, possui cerca de 46 milhões de usuários. Como em outras plataformas, também é possível a veiculação de anúncios pagos.

A escolha pela utilização da rede social em sua estratégia de marketing deve ser feita com base nos dados e objetivos de seu negócio, como segmentação de público, preferências e formatos desejados. Se o intuito é produzir conteúdo em vídeo, a melhor opção é o YouTube. Caso seja aproximar-se do cliente e humanizar a marca, o Instagram é o ideal. Mas lembre-se, o uso de uma rede não exclui a outra, o público-alvo está em diferentes plataformas e é importante impactá-lo onde ele estiver.

PLANEJAMENTO DE MARKETING DE PERFORMANCE

2

MARKETING DE PERFORMANCE

Anos atrás, o lançamento de um produto era um evento que envolvia diversas peças gráficas, movimentação de equipes de mídias, diferentes veículos como jornal, revista, televisão, *outdoors*, encartes e o que a criatividade e o dinheiro permitisse. Porém, esse cenário já não é mais o mesmo tanto para lançamentos como para divulgação periódica, necessária para manter o negócio em alta.

No mundo de hoje, o marketing digital se destaca como uma das melhores maneiras de expandir seus negócios. A crescente adaptação das redes sociais para atender as demandas do público faz com que anúncios em vídeo e mídia social estejam em alta e assumam o controle em termos de comunicação. Afinal, a internet ocupa grande parte do nosso dia a dia. E agora, com mais de 59% da população global tendo acesso a ela, conforme dados do Web Site Rating, não há melhor lugar para anunciar sua empresa do que a rede.

"Nós não somos mais um app de compartilhamento de fotos. Em uma pesquisa, a primeira coisa que as pessoas dizem sobre como usam o Instagram, elas falam que é para entretenimento. As pessoas nos procuram para isso. Na última semana, eu compartilhei internamente nossos esforços em tentar nos guiar neste caminho, do entretenimento e do vídeo. Precisamos ser sérios, nós temos uma grande competição neste momento".

Adam Mosseri, head do Instagram, exame.com em julho de 2021.

No entanto, o marketing digital vem em muitas formas diferentes. Há otimização de mecanismos de pesquisa, marketing de conteúdo, marketing por e-mail, marketing de mídia social e muito mais. Descobrir a melhor estratégia requer muito trabalho, análise e conhecimento das ferramentas a serem utilizadas.

A rapidez e o grande fluxo de informação na internet favorecem estratégias ágeis, como marketing de conteúdo, SEO (Search Engine Optimization) e inbound marketing.

Identificar o caminho a ser seguido e quais os passos devem ser realizados facilitam a construção da sua estratégia. Por isso, apresentamos alguns itens que devem ser abordados.

2.1 Estabeleça metas

Como todo início de jornada, você precisa estabelecer qual é o seu objetivo. Saber o que você deseja alcançar é importante para traçar o curso de sua estratégia. Em marketing digital, as metas podem ser quantificadas, levando em consideração um período.

As metas estabelecidas em sua estratégia de marketing digital devem estar alinhadas com seu plano de negócio. Elas devem apontar para a mesma direção de todos os seus esforços. Desenvolver um negócio e sua estratégia de marketing não é resultado de escolhas aleatórias.

Pense quais são as suas intenções:

- Gerar mais leads ou vender mais produtos?

- Captar mais assinantes para um canal ou construir o reconhecimento de uma marca?

Estabelecer metas pode ser complicado, por isso, utilizar ferramentas que auxiliem nesse processo pode torná-lo mais prático e objetivo. O método SMART ajuda nisso. SMART vem das palavras em inglês Specific, Menssurable, Achievable, Realistc e Time-based. E consiste em:

- **S – Specific (seja específico)** – determine um objetivo e estabeleça período, quantidade, investimento e forma bem definidos para alcançar resultados. Por exemplo: em 6 meses, aumentar em 15% o total de vendas, investindo 10% do faturamento em marketing digital. As vendas devem subir 15% nos próximos três meses ou o canal de vídeo deve ultrapassar 1 milhão de visualizações em um ano.

- **M – Measurable (defina objetivos mensuráveis)** – é necessário acompanhar os resultados de perto para verificar se o rumo definido é o correto. Deve-se saber como está a sua presença na internet e o seu alcance para poder fazer a comparação com o que se pretende conquistar no futuro. Dados como número de seguidores, quantidade de visualizações e de vendas em determinado período são disponibilizados e devem ser usados como base.

- **A – Achievable (defina objetivos atingíveis)** – seja realista, conheça seu tamanho, seus pontos fortes e fracos. Ao estabelecer uma meta que pode ser alcançada, diminui-se o risco de frustração. Transformar-se em umas das maiores empresas do Brasil em 1 ano não é impossível, mas muito improvável.

- **R – Realistic (seja relevante)** – suas metas devem refletir seus valores e propósitos. O caminho é duro e cheio de obstáculos. Essas dificuldades podem trazer dúvidas e impedi-lo de atingir os resultados se não acreditar nos seus objetivos.

- **T – Time-based (defina um prazo)** – tudo tem que ter um começo, meio e fim. E o fim deve estar claro para que não haja procrastinação e desgaste. Caso o especificado não seja atingido, não prorrogue, verifique os erros e acertos e estabeleça novas estratégias.

2.2 Avalie sua presença de marketing digital

Ao estabelecer a linha de chegada com a definição de metas, vislumbra-se o cenário ideal que todas as ações buscam propiciar.

Porém, para ter sucesso no futuro é importante olhar o passado e analisar como está a estratégia de marketing digital no presente.

Esse processo deve ser feito com muito cuidado e sinceridade. O marketing de performance possibilita que praticamente todos os dados sejam mensuráveis. Independente do canal ou estratégia utilizada, serão gerados dados muito ricos e importantes para analisar a sua performance. A avaliação de todas as atividades realizadas deve ocorrer periodicamente, esse processo descobre problemas a serem corrigidos e melhorias possíveis de serem feitas.

O primeiro passo nessa avaliação é analisar os canais utilizados, verifique suas estatísticas nas redes sociais (Facebook, Instagram, YouTube, Twitter, etc.), as interações com o conteúdo, o número de seguidores, compartilhamentos e curtidas. Atualmente, o alcance das redes sociais é enorme e são os dados que ajudam a construir o perfil de seu público.

Então, analise os dados fornecidos pelo Google Analytics[6] para seu site e landing pages. Verifique o valor por clique em suas ações em mídia paga e como está o seu posicionamento nos mecanismos de busca, com o seu SEO. Saber o que está dando certo e o que precisa ser melhorado possibilita determinar onde concentrar esforços.

Observe as menções ao seu conteúdo na internet, pois é relevante ser mencionado por terceiros. Descobrir de onde vem essa notoriedade ajuda a saber quais os meios que recebem interações.

Quantifique seus leads obtidos através de campanhas, veja quantos e como eles foram captados e se a qualidade deles possibilita a conversão. O número de conversões realizadas através do meio online também é um indicador indispensável nessa análise. Possivelmente, é o meio mais eficiente de medir a força dos canais utilizados na divulgação.

---

6   Google Analytics é uma ferramenta de monitoramento e análise de sites. Com ela, é possível monitorar o perfil de quem acessa seu site, páginas mais acessadas, conversões, dispositivos, localização e outros dados.

Se o seu site, neste momento, funciona como sua única presença de marketing digital, estude em quais canais a presença de sua marca deve ser consolidada. Identifique quais plataformas de mídia social seus clientes em potencial frequentam. Estratégias como o e-mail marketing pode ser utilizada, por exemplo.

Caso haja dúvidas por onde começar, analise os concorrentes e suas estratégias, observe quais canais estão sendo utilizados por eles. Esse processo de benchmarking[7] irá ajudar na concepção de ideias de como apresentar a marca ao público-alvo.

2.3 Entenda o que é funil de vendas digital

Todo processo de compra e conversão é uma jornada, desde a atração do usuário até a finalização com a entrega do produto. Esse processo é chamado de funil de vendas e, no meio digital, é conhecido como funil de vendas digital.

Um funil de vendas digital é um conceito de marketing que retrata essa jornada dos compradores. O processo consiste em mover quem está no topo do funil, um potencial cliente. Depois, apresentar a empresa e suas soluções através de diferentes etapas, envolvendo esse cliente e convencendo-o a realizar a compra, além de se tornar fiel a sua marca.

Visualmente, o funil de vendas é como uma pirâmide invertida. A jornada do potencial cliente inicia-se no topo, na parte mais ampla do funil. Então, através de estratégias de marketing digital como o fornecimento de conteúdo relevante, envio de e-mails marketing e postagens em blogs, ele é direcionado pelas etapas até finalmente se tornar um comprador, um cliente fiel.

O funil de vendas pode ser basicamente dividido em 3 etapas: topo, meio e fundo de funil.

---

7   Benchmarking é um processo de comparação de produtos, serviços e práticas empresariais. É um importante instrumento de gestão das empresas.

Planejamento de marketing de performance

Figura 2.1 - Funil de vendas

Fonte: Stock.adobe.com/Feodora

Topo de Funil

No topo de funil são realizados os esforços necessários para captar clientes potenciais, que ainda não tiveram contato com seu negócio, serviço ou marca. Nessa etapa, deve-se focar na apresentação dos produtos e serviços que disponibiliza.

É uma etapa de aprendizado e descoberta, seu potencial cliente descobre que tem uma necessidade ou problema que precisa de solução. O conteúdo fornecido nessa fase do funil tem o desafio de despertar o interesse, por isso é fundamental que seja relevante, de qualidade e que cause identificação para que o potencial cliente se aproxime do seu negócio.

Meio de funil

O principal objetivo do meio de funil é encaminhar o potencial cliente até um destino. Pode ser uma landing page, blog ou site, desde que o leve a preencher um formulário e compartilhar informações pessoais com a empresa. Esse fornecimento de dados vem em troca de uma recompensa, que pode ser um e-book, uma consultoria grátis ou acesso a uma live exclusiva.

Com essas ações, seu potencial cliente se transforma em um lead. Leads são contatos que demonstraram interesse em algum tipo de produto ou serviço e forneceram dados de contato como um e-mail. Apesar do fornecimento de dados, esse ainda não é o momento de tentar vender algo. Nessa etapa, o importante é oferecer mais informações e conteúdo para amadurecer esse lead e estimulá-lo a querer mais. Estratégias interessantes a serem utilizadas nessa fase são: marketing de conteúdo, redes sociais e e-mail marketing.

Fundo de Funil

O potencial cliente foi captado, tornou-se um lead que foi envolvido e amadurecido através de conteúdo de qualidade, e chegou no momento em que está disposto a fazer negócio com sua empresa. Essa etapa chamamos de fundo do funil.

Nela, o cliente já está ciente dos seus problemas e está em busca de uma solução. É nesse momento que deve ser realizada uma oferta de um produto ou serviço. Durante toda a jornada foi criada uma relação de confiança, tornando o lead alguém confiável para negociar, o parceiro perfeito.

Muitas vezes, é preciso um incentivo para concretizar o negócio. No caso de um infoproduto, uma garantia pode ser oferecida na compra de um curso; em um e-commerce, um frete grátis. Ou seja, um último empurrão deve ser dado para converter esse lead.

2.4 Construir personas de comprador

Você sabe quem é seu cliente? Seus hábitos, necessidades e vontades? Quanto anos tem? Do que gosta e o que faz para viver?

Ao trabalhar o marketing de performance, essas questões devem ser respondidas para que se possa compreender quem compra da sua empresa. Isso auxiliará no desenvolvimento de produtos e também na estratégia de produção de conteúdo utilizada para captar potenciais clientes.

Uma forma de conhecer sua audiência é a construção de personas, que são personagens fictícios que representam o cliente ideal. Portanto, elas são construídas a partir de dados reais que retratam os comportamentos e características demográficas dos clientes.

Caso já possua uma base de clientes, é a partir dela que deve iniciar a construção da persona. Por mais que haja perfis diferentes de pessoas e/ou empresas que em algum momento consumiram seu produto, com certeza alguns deles irão exemplificar a sua persona.

Estude com calma quem são os seus clientes que tiveram melhores experiências com seus produtos, e mesmo os que não tiveram uma boa performance podem ser utilizados. Tanto para o bem como para o mal, há com o que se aprender sobre a percepção que tiveram sobre seu serviço.

A melhor forma de colher informações dos seus clientes, é através de uma entrevista. Crie um formato que possibilite coletar dados demográficos (idade, sexo, renda) como também informações que ajudem a compreender a maneira e o motivo pelo qual o processo de compra foi realizado.

Aspectos como valores e objetivos devem ser cuidadosamente investigados, bem como os desafios pelos quais eles são submetidos. Saber o que e quem os influencia pode ser extremamente útil. Com esses dados em mãos, analise as similaridades, as particularidades e não deixe de compartilhar o resultado com a equipe.

É comum confundir persona com público-alvo, porém eles não são a mesma coisa. Público-alvo é um recorte das pessoas para quem é comercializado um produto ou serviço, enquanto persona é a representação ideal do seu cliente, uma representação humanizada e personalizada.

Por exemplo: seu público-alvo são mulheres, entre 25 e 35 anos, solteiras, profissionais de moda, com renda média de 4,5 mil reais, que possuem o objetivo de crescer profissionalmente e gostam de conhecer diferentes lugares. Sua persona é Jaqueline, 28 anos, afrodescendente, graduada em moda e empreendedora. Ela possui uma empresa de acessórios, estuda novas formas de inovar em seu negócio e pensa em passar uma temporada na Europa. Além do mais, pesquisa empresas que possam auxiliá-la nesse processo.

Apesar de serem parecidos, é muito mais fácil e assertivo criar uma estratégia direcionada a Jaqueline do que algo para um público-alvo tão abrangente. Com uma pessoa em mente, é mais fácil perceber quais serão as dúvidas e necessidades reais.

Com o uso das personas, é possível aprofundar o conhecimento da empresa sobre o público. Saber mais sobre ele do que apenas sua idade, sexo e onde mora. É possível compreender como é o seu dia a dia, o modo com o qual se comunica e quais são as suas dúvidas. Possibilita ainda identificar de que maneira o produto ou serviço impacta a vida da pessoa e qual valor eles têm para o público.

Figura 2.2 – Jaqueline – exemplo de persona

Fonte: Stock.adobe.com/Prostock-studio

Essa construção facilita identificar quais canais de comunicação serão utilizados com o público, pois será conhecido de que modo ele consome conteúdo e informação, e quais meios utiliza para falar com a família e amigos. Assim, verifica-se os locais onde é obrigatória a presença da sua empresa.

Quanto mais informação você tiver sobre o seu público, mais simples será criar conteúdo para ele. Ao descobrir suas principais dúvidas, objeções e necessidades, você terá mais facilidade de criar uma linha editorial que o ajudará a resolver esses problemas e, assim, direcioná-lo durante a jornada de compra.

Tipos de personas

Cada persona possui um propósito, um objetivo dentro do seu negócio, e saber reconhecê-la é muito importante. Podemos dividir as personas em quatro tipos:

- **Buyer Persona** – é o perfil fictício que melhor representa o consumidor ideal, pois mostra o comportamento, as necessidades, desafios e vontades que ele possui. É essa a persona que as ações visam impactar em busca de resultados positivos.

- **Audience Persona** – o público que consome seus produtos muitas vezes não é o mesmo que interage e engaja com sua marca. Dessa forma, é interessante criar uma persona para essa audiência que visita seu site, blog e redes sociais.

- **Proto persona** – o protótipo de uma persona criada a partir da percepção da sua equipe. Em muitas empresas, a versão inicial das personas é criada a partir das principais características dos clientes.

- **Brand persona** – a humanização da sua marca. Através de uma pessoa real ou personagem virtual, cria-se uma figura que representa os valores da companhia. É uma excelente forma de aproximação com o público, já que ele se relaciona melhor com a figura humana. Como exemplo de brand persona temos a Magalu, do Magazine Luiza, e o Baianinho, das Casas Bahia.

Não existe número mínimo ou máximo de personas, pode haver mais de uma, de diferentes tipos. Isso acontece porque, durante a coleta de dados, é possível que você perceba mais de um perfil entre os clientes. Porém, não crie inúmeras personas diferentes, isso pode confundir e tirar o foco das suas estratégias de conteúdo e marketing.

Como criar personas

Uma empresa atuante no mercado com certeza já deve ter tido relacionamento com os clientes anteriormente. A partir deles, é possível definir um perfil para a persona ideal. Com isso, deve-se iniciar a coleta de dados através de pesquisa quantitativa e qualitativa.

As pesquisas quantitativas devem ser aplicadas ao maior número de pessoas possíveis para medir um comportamento geral. Podem ser realizados questionários fechados através de e-mails, ferramentas como o Google Forms ou levantar dados através do Google Analytics.

Os resultados das pesquisas qualitativas são obtidos através de entrevistas, *focus group*[8], entre outros métodos. Em sua maioria, essas entrevistas são feitas pela internet, porém, é interessante realizá-las presencialmente, caso seja possível, pois possibilita perceber nuances que a internet não permite.

Segue um modelo de questionário que pode ser utilizado para realizar a pesquisa:

- Qual seu gênero? Idade? Cidade? Escolaridade?

- Qual é o seu cargo? Segmento da empresa? Tamanho da empresa?

---

8 *Focus Group* é reunir pessoas com diferentes perfis para emitir sua opinião e compartilhar sua experiência a respeito de produtos e serviços.

- Como é a sua rotina?

- Quais são suas principais responsabilidades?

- Quais são seus principais objetivos e os obstáculos que o impedem/atrapalham para atingi-los?

- Quais são suas obrigações no trabalho? Quais são seus maiores desafios?

- Quais redes sociais você utiliza?

- De que maneira você se mantém informado?

- De que forma você aprende novas habilidades?

- Quais assuntos você costuma acompanhar?

- Quais marcas são suas preferidas?

- Como e onde você se informa sobre marcas e produtos? Onde costuma comprar?

- Quais canais (site, redes sociais, presencialmente) você prefere interagir com marcas?

- Quais marcas e produtos a sua empresa usa? Como é o processo de compra?

- O que te levou a procurar as soluções da empresa x?

- Como a empresa x te ajuda a solucionar seus desafios?

- Qual a maior qualidade da empresa x?

Após a realização das pesquisas, os dados obtidos devem ser organizados e analisados. Busque padrões nas respostas, eles simbolizam problemas, dúvidas e objeções comuns entre os clientes e devem ser parte da persona a ser criada.

Algumas características que se repetem, como ter o Ensino Superior completo, usar o Facebook e realizar compras pela internet, são traços que formam o perfil da persona. Uma maneira de conseguir identificar essas semelhanças é criar tabelas com as perguntas e preenchê-las com os dados obtidos nas pesquisas.

Como criar uma persona sem ter clientes

A persona é formada com base em clientes, porém uma empresa que está iniciando a sua jornada ainda não possui uma base a ser consultada. Nessas ocasiões, existem outras maneiras que podem ser utilizadas para construção da persona.

Primeiramente, deve ser feita uma pesquisa de mercado, com foco em perfis que se encaixem no público-alvo da empresa. Nessa pesquisa, pode ser utilizado o mesmo questionário apresentado anteriormente.

A análise de dados do Google Analytics, caso a empresa possua um site ou blog, ou então a análise do público que já interage nas redes sociais podem ser utilizadas nessa fase para a criação da persona. Além disso, a análise dos concorrentes pode ser utilizada para a construção de sua persona. Afinal, o cliente que consome os produtos ou serviço deles são seus potenciais clientes.

Ao combinar esses métodos, é possível extrair dados que irão ajudar a construir uma persona sólida e, após um período, ser novamente realizado o processo de construção de personas com seus clientes reais.

2.5 Encontre seus clientes em seu funil de vendas digital

Agora que você descobriu para que tipo de público está olhando, é hora de imaginar seus compradores espalhados por todos os estágios do funil de vendas digital. Por quê? Porque, como mencionamos anteriormente, os compradores reagem de maneira diferente aos seus anúncios, dependendo do estágio em que se encontram. Portanto, cada uma dessas etapas requer uma abordagem de marketing diferente.

Digamos que você administre uma oficina mecânica. Da manutenção regular à restauração e até mesmo ao ajuste fino –

Planejamento de marketing de performance

você faz tudo. Pense em como as pessoas poderão encontrá-lo dependendo do estágio em que se encontram.

Por exemplo, um cliente na fase de descoberta seria alguém que passou por uma pane inesperada. E agora, ele está procurando um mecânico para consertar o problema imediatamente.

Ele, provavelmente, irá fazer uma pesquisa rápida no Google e pode até mesmo olhar as avaliações online. Nesse caso, você gostaria de ser um dos primeiros a aparecer nos resultados de pesquisa por "oficina mecânica perto de mim". E gostaria também de ter um punhado de comentários positivos anexados à sua listagem. Para chegar lá, você precisará otimizar seu SEO para aquele determinado termo, tendo o copy[9] certo, um site eficiente, informações de contato prontamente disponíveis, entre outros elementos na página.

Outro cliente na fase de pesquisa pode ser alguém procurando uma nova pintura ou adicionar um som automotivo pós-venda ao veículo. Ele não tem pressa e está disposto a esperar e fazer pesquisas suficientes para entrar em contato com você. Nesse caso, você deseja que seus anúncios sejam apresentados onde estão.

Então, por que não lançar uma campanha publicitária no Facebook exibindo seus projetos de restauração anteriores? Vendo que você fez um carro velho parecer novo, pode ser o suficiente para convencer esse cliente em potencial de que seu carro realmente precisa de uma pintura.

Haverá muitas tentativas e erros durante essa fase. Muito provavelmente, você continuará a testar e iterar o posicionamento do anúncio ao longo do tempo. Por enquanto, comece com suas personas e onde você espera que elas estejam em seu funil de vendas. Você sempre pode ajustar seus anúncios, segmentação, canais digitais e esforços gerais, dependendo da resposta do cliente.

---

9   Copy é o produto da técnica de copywriting, ou seja, nada mais é que se comunicar usando as palavras certas, com diversos gatilhos mentais, conduzindo o leitor à tomada de decisão.

2.6 Automatize seus processos digitais

São inúmeras as tarefas que precisam ser realizadas para se obter sucesso: definir metas, medir resultados, estruturar o funil de vendas, levar o cliente pela jornada de compra até o final, configurar a persona ideal, produzir conteúdo, publicar o conteúdo.

Você conhece a frase do engenheiro industrial Allen F. Morgenstern, "work smarter, not harder"? Em português, a tradução seria "trabalhe de forma inteligente, não de forma difícil". Esse é o segredo por trás da automação de marketing, que consiste em utilizar os benefícios que a tecnologia proporciona em processos de marketing, reduzindo o trabalho manual e por consequência aumentando o grau de eficiência das ações.

Existem ferramentas que alguns canais disponibilizam para otimizar a automação desses processos. O Facebook, por exemplo, oferece o Estúdio de Criação para auxiliar no agendamento das postagens tanto para o Facebook como para o Instagram. Mas, isso é apenas uma pequena fração do que pode ser feito em automação.

Um processo de automação de marketing maduro proporciona entender qual é o interesse do lead e, através da percepção de qual estágio ele está no funil de vendas, oferecer a ele todas as informações necessárias naquele momento de forma automatizada para que ele possa avançar em sua jornada. Essa automação é feita de forma personalizada, porém escalável, nos diferentes canais de contato com a empresa.

A alta concorrência existente no mercado obriga que os processos sejam velozes e assertivos, com isso o processo de automação possibilita que, no menor tempo possível, o lead seja atendido e aproveitado enquanto ainda está interessado.

Essa velocidade e a possibilidade de atender o maior número possível de clientes ao mesmo tempo faz com que seu negócio seja escalonável. Com a configuração certa de sua automação, após o período de implantação, a ferramenta trabalhará com grande produtividade sem a necessidade de mais pessoas e outras ferramentas.

Imagine ter centenas de contatos diários que necessitam de resposta de acordo com o estágio em que estão no funil de vendas. Sem a automação, isso seria um trabalho para inúmeras pessoas e, às vezes, impossível. Tanto a equipe de marketing como a de vendas precisam de tempo para tarefas que não sejam mecânicas. Inclusive a integração entre esses times importantes na estratégia comercial é facilitada pela automação. O acesso à ferramenta é compartilhado entre todas as partes, com amplo acesso aos dados e leads gerados. Assim, alertas sobre tarefas, evolução dos leads pelo funil de vendas e avaliação de desempenho da estratégia estarão ao alcance de todos.

O aumento do ticket médio e a redução do Custo de Aquisição de Clientes (CAC) são resultados comumente obtidos com o uso de automação. Durante a jornada de compra pelo funil de vendas, o lead vai amadurecendo e ganhando consciência, o que o faz ter escolhas mais consistentes. Dessa forma, ele está mais propenso a fazer negócios com a empresa, inclusive adicionando opções ao pedido inicial, pois percebe o valor que será entregue.

Essa percepção do valor do produto ou serviço ajuda na fidelização, o que por consequência diminui o custo de aquisição do cliente. Lembre-se, é mais barato manter um cliente do que conquistar um novo.

Ferramenta de automação de marketing

Para melhor desempenhar a automação dos processos de marketing é necessária uma ferramenta de execução. O software será responsável pela centralização das informações captadas com os leads e também pelas tarefas automatizadas do processo de vendas. É através dela que será definida as regras da automação, o acesso integrado aos envolvidos nesse processo, além de reunir dados e analisar as métricas do funil de vendas.

MARKETING DE PERFORMANCE

Suas funcionalidades podem englobar inclusive recursos de criação de materiais tais como landing pages e posts para redes sociais, além de integração com outras ferramentas, como as de CRM, sigla em inglês para Gestão de Relacionamento com o Cliente.

Ferramentas que possuem critérios de segmentação mais completos possibilitam grande vantagem competitiva e entregam melhores resultados. Saber todo o caminho percorrido pelo lead também é um grande diferencial na escolha da melhor ferramenta, com essa informação é possível personalizar o relacionamento e com isso aumentar as chances de conversão.

O Lead Scoring é outro diferencial que deve ser observado em uma ferramenta de automação. Através dele, é possível atribuir uma pontuação ao lead de acordo com alguns critérios e identificar o quão pronto ele está para realizar uma compra.

Como implementar a automação de marketing

Contratar a ferramenta de automação ideal não significa que seu processo de automação está completo. Inclusive esse não é nem o primeiro passo. Como todo processo, o que vai propiciar o sucesso é o seu planejamento. A ferramenta irá auxiliá-lo a realizar suas ações, porém, se não houver planejamento, essas ações não terão os resultados desejados.

Todos os fluxos desenvolvidos devem ter objetivos definidos, que encaminhem o lead por todo o funil de vendas até a concretização da compra. Por isso, é importante definir quais são os objetivos que você pretende alcançar com a automação. Pense nas seguintes perguntas:

- Por que você precisa da automação dos seus processos?
- Você irá utilizá-la para escalar vendas?
- As tarefas que irá automatizar podem ou não ser feitas manualmente?

- Quais tarefas e ações irá automatizar?
- Qual produto ou serviço irá comercializar?

Com seus objetivos estabelecidos, junto à definição da persona e jornada de compra, será possível identificar qual o papel da automação no seu negócio.

A automação necessita de dados qualificados que permitam a segmentação dos envios de conteúdo ao lead, assim a possibilidade de sucesso em suas ações será muito maior. Desse modo, junte esforços e defina quais dados são necessários para a coleta junto aos leads. Utilize e-mails, questionários, pesquisas e outras ferramentas para captar essas informações.

Possuir uma base de conteúdo em blog ou redes sociais ajuda a nutrir esse lead durante o processo. Além de atrair interessados, no topo do funil, esse conteúdo é utilizado para aprofundar o conhecimento e a consciência dos leads que estão no meio do funil.

Importante: não crie conteúdos aleatórios, use a jornada de compra como referência e responda as dúvidas e objeções em cada etapa.

Com toda essa base formada, está na hora de buscar uma ferramenta para auxiliar na automação. Analise todas as opções disponíveis e escolha qual atende as necessidades e objetivos de sua estratégia. Não basta contratar a ferramenta sem treinar sua equipe, a familiaridade com a ferramenta e o conhecimento de todas as possibilidades garantirá sua eficiência.

Com um planejamento estabelecido e uma ferramenta que irá auxiliá-lo a alcançar seus objetivos, chegou o momento de configurar os fluxos de automação. São eles que irão potencializar seus resultados e, para isso, necessitam de uma configuração, que consiste em:

- **Gatilhos de entradas e oferta final** – gatilhos de entrada é por onde o lead irá entrar, o download de um e-book por exemplo, e a oferta final é o que será oferecido a esse lead ao passar por esse gatilho.

- **Defina materiais para cada etapa do funil** – quanto mais próximo estiver do fundo do funil mais consistente e aprofundado deve ser o conteúdo.

- **Crie ações atreladas a cada gatilho de entrada** – uma sequência de e-mails, por exemplo.

- **Defina um intervalo de ação** – entre o envio de um e-mail e outro, estabeleça um período de 1 a 3 dias, isso mostrará sua presença sem ser inoportuno.

Através do resultado das suas ações e experiências, você poderá criar fluxos mais complexos e com diferentes variáveis, estimulando cada lead da forma ideal.

Com a produção de conteúdo, criação de landing pages, otimização do SEO de seu site, além de publicações em redes sociais e campanhas de anúncios, o volume de leads enviados para sua ferramenta de automação será alavancado, aumentando o número de oportunidades de vendas.

Tão importante quanto enviar visitantes para o site é ter formas de captar informações de contato que possam transformá-los em leads, por isso insira formulários e outras iscas para que o usuário disponibilize essas informações.

Todas as ações e fluxos implementados devem ser avaliados periodicamente, essa inclusive é uma vantagem do processo automatizado. Utilize todos esses dados a seu favor e os compare com suas estratégias e objetivos traçados. A automação de marketing é um processo que deve ser continuamente melhorado a fim de sempre buscar os melhores resultados.

Caro leitor, vou deixar aqui uma ferramenta poderosíssima para te ajudar a desenhar seu Persona. Aproveite e baixe ela, imprima e, com a ajuda de "post-it", preencha estas colunas.

Planejamento de marketing de performance

Sociodemográfico	Comportamento	Atividades	Interesses	Influenciadores
Idade	Qual frequência de interação?	Trabalho	Opiniões	Quem são?
Gênero	Qual horário está online?	Hobbies	Família	
Cidade	Que dias da semana?	Esporte	Amigos	
Estado civil	Quais canais?	Férias	Negócio	Onde Estão?
Filhos	Como interage (comenta, compartilha, curte, observa)?	Compras	Política	
Escolaridade		Entretenimento	Marcas/Produto	
Renda				

Conteúdo	Psicográficos
Qual conteúdo que consome?	Quais suas dores?
Como compartilha esse conteúdo?	Quais seus anseios?
Qual tipo de conteúdo afeta a decisão de compra?	Como espera ser ajudado?

BRANDING E PERFORMANCE NO MEIO DIGITAL

Qual marca vem a sua cabeça ao olhar para o quadrado vermelho com ondulação branca?

Figura 3.1 – Símbolo de marca

Fonte: adaptada de Stock.adobe.com/SERHII

Figura 3.2 – Slogan

Fonte: Stock.adobe.com/Araki Illustrations

E agora, qual marca utiliza o *slogan* indicado na figura 3.2?

Com certeza, em sua mente já estão gravados os elementos gráficos e o posicionamento de marca tanto da Coca-Cola como da Nike, donas do "quadrado vermelho com ondulação branca" e do *slogan* "just do it", respectivamente.

Durante muito tempo, essas empresas apresentaram ao mercado e aos clientes seus valores, ideais e posicionamento. Cada ação e estratégia planejadas tinham como objetivo solidificar esse posicionamento e gravá-lo na mente dos consumidores. À estratégia de gestão de marca dá-se o nome de branding, palavra que vem do inglês e significa fazer, transformar e movimentar uma marca.

A iniciativa de ter uma forma de identificar algo como pertencente a um grupo ou a alguém surgiu ainda nas antigas civilizações, presentes na região do Mediterrâneo. Cada uma delas identificava os seus produtos (vasos de barro) com desenhos de peixe, estrela, folha ou outra forma. Com o tempo, essa prática foi ficando comum e difundida em diferentes partes do globo, tanto no Ocidente como no Oriente.

No início, essas marcas foram restritas às regiões de cada grupo, mas com o tempo, algumas começaram a cruzar fronteiras, caso como o das que identificavam reinos e governos, como por exemplo a Cruz da Ordem de Cristo de Portugal, símbolo das Grandes Navegações, e presente na história do Brasil.

Figura 3.3 – Grandes Navegações

Fonte: Sotck.adobe.com/Michael Rosskothen

Durante a Idade Média, percebeu-se que, ao utilizar uma marca para identificar a origem de um produto, era possível atestar sua qualidade e características de produção. Assim, surgiram as primeiras marcas de comércio, as *trademarks*.

Com as rotas de comércio estabelecidas, produtos de diferentes locais começaram a ser comercializados em todo o mundo. A porcelana chinesa, por exemplo, era vendida na Europa, e o uso de marcas nesses objetos era essencial para atestar sua procedência.

A Revolução Industrial trouxe a produção em massa e, com isso, a necessidade de identificar os produtos e aproximar o fabricante do consumidor. Marcas, caixas, embalagens e a propaganda começaram a ser utilizadas em maior escala.

Após a Segunda Guerra Mundial, houve uma revolução nos sistemas de comunicação e, com isso, uma evolução nas formas de se relacionar com o público. Assim, foi percebido que era possível utilizar as marcas para a criação de valor, tanto econômico quanto social. Desde então, essa evolução não parou por um instante. A todo momento, as inovações tecnológicas, os meios de comunicação e a forma de a marca interagir com seus consumidores foram evoluindo.

3.1 O que é branding

Branding se refere a ícones, cores, símbolos, tipografia, sabores, aromas, sensações e demais movimentos e ações que uma marca desenvolve desde sua criação. Em termos técnicos, branding *é a forma com que as estratégias de gestão de marca são pensadas e realizadas.*

A marca, para o branding, não é apenas uma representação visual da empresa, ela é o conjunto de experiências que o público tem ao se relacionar com ela. Cada indivíduo terá uma percepção diferente da marca, causada pelas experiências por ela proporcionadas , por isso, é importante um planejamento a longo prazo que entregue experiências cada vez mais únicas e inesquecíveis.

> Uma marca é um conjunto de expectativas, memórias, histórias e relacionamentos que, juntos, são responsáveis por fazer o consumidor escolher um produto ou serviço em vez de outro.
>
> Seth Godin

Nesse processo, a marca é estruturada, planejada e promovida. A gestão assegura que esse trabalho seja feito em todas as áreas, já que o branding não é uma atividade restrita ao marketing da empresa, ele deve atuar em toda a organização, deve fazer parte da cultura da empresa.

Para possuir um branding forte e consistente, deve-se estabelecer valores e posicionamento claros para parceiros, fornecedores e clientes. Dessa forma, mais fácil será a percepção de valor e, consequentemente, sua relevância no mercado aumentará junto com a sua visibilidade e reputação diante do público-alvo.

Conforme pesquisa da Customer Thermometer, cerca de 65% dos consumidores consideram estar emocionalmente conectados a uma marca. Isso favorece o processo de compra e diminui as objeções, pois ao compartilhar propósitos em comum o cliente enxerga valor e se dispõe, inclusive, a pagar mais pelos produtos.

As principais razões que criam uma conexão emocional entre consumidor e marca são:

- A preocupação com o público-alvo
- O interesse em fazer diferença no mundo
- A maneira de chamar a atenção
- A forma com a qual se dirige às pessoas
- A expectativa para o futuro

Consumidores que desenvolvem um vínculo com empresas são extremamente valiosos para elas, são descritos como "clientes totalmente conectados" e valem 50% mais, em média, do que os clientes que se consideram altamente satisfeitos. Essas pessoas que adquirem seus produtos ou serviços estão mais focadas na mensagem e experiência com a marca do que no preço dos produtos. Através de estratégias de branding, é possível desenvolver conexões com mais de um cliente.

As conexões emocionais entre cliente e marca podem acontecer em qualquer momento da vida do consumidor. O importante é saber escutar, inspirar e se conectar com as necessidades da sua audiência. Entre as principais conexões emocionais que podem ser construídas com o consumidor aparecem o interesse e a confiança.

O interesse é a base para o início de qualquer relacionamento, é ele que desperta a busca por mais informações. A confiança tem o papel de solidificar as relações e proporcionar a monetização dessa relação, ao adquirir a confiança de seu público o processo de vendas fica muito mais simples.

3.2 Como fazer a gestão de sua marca

A gestão de uma marca é um processo complexo que necessita do envolvimento de todas as áreas da organização, mas os resultados colhidos a partir dessa gestão são valiosos e duradouros. O primeiro passo do branding é saber exatamente o propósito e os valores da sua empresa, é a partir desses conceitos que a estratégia de marca será construída. É muito importante que se tenha uma identidade forte e coerente para auxiliar na transmissão dos valores ao público e mostrar o que está sendo construído.

É muito mais simples criar uma conexão quando se sabe a resposta para as seguintes perguntas: por quais motivos uma empresa foi criada? Por que ela existe? Qual o seu propósito? O propósito é a base de fundação da organização, aquilo que foi pensando no início de tudo. Muitas vezes, ele é sintetizado em uma frase, um *slogan*.

Por exemplo, o *slogan* da plataforma de hospedagem Airbnb, segundo seu site, é: "nós imaginamos um mundo onde as pessoas podem pertencer a qualquer lugar". Após alguns anos da criação, esse propósito foi transformado em realidade e a empresa proporcionou aos clientes o que imaginava.

Talvez hoje você não saiba qual é o seu propósito e uma maneira de descobri-lo é conversando com quem compra ou interage com sua marca. Por isso, entenda o porquê as pessoas se conectam e acreditam na sua empresa. Com o propósito definido e bem claro, deve-se pôr em prática as ações para que o porquê de existir de sua marca seja concretizado. Para isso, é preciso estabelecer a promessa de marca, ou seja, criar um manifesto, um resumo das ações que serão executadas para a realização do propósito.

A Nike tem como propósito transformar a vida das pessoas, da comunidade e do mundo através do esporte. Como eles fazem isso está descrito no final da frase: através do esporte, essa é a promessa de marca da Nike.

Entendemos o que é propósito e promessa de marca, agora é necessário saber quais são os atributos da marca, que nada mais são do que suas características principais. Os atributos guiam a forma que a marca se comunica com seu público, como os colaboradores trabalham, como os fornecedores devem agir. São valores inegociáveis e que mostram o jeito que a marca alcançará seus objetivos.

Novamente, utilizando a Nike como exemplo, os atributos da marca são:

- **Culto ao esporte** – se o indivíduo tem um corpo ele é um atleta, desse modo todos são atletas e o objetivo da empresa é inovar e inspirar todos esses atletas no mundo.

- **Inovação** – o diferencial da empresa é vender bem-estar e, por isso, ela é focada nos processos de inovação que possam proporcionar melhor desempenho e satisfação aos consumidores.

- **Talento** – a inovação vem a partir de mentes talentosas e a empresa se preocupa em investir em treinamentos para fortalecer a equipe.

- **Diversidade e inclusão** – com consumidores tão diversos, a equipe por trás da marca também deve refletir essa diversidade. Assim, surgem ideias diferentes e novas perspectivas são criadas.

Com essa estrutura formada, deve-se estabelecer o posicionamento e determinar qual será o espaço no qual você deseja atuar. Posicionar-se é entender o mercado, o que os consumidores desejam e necessitam, e buscar dentro da empresa como o produto ou serviço pode ser relevante.

A Apple se posiciona como uma marca que oferece elegância, luxo e exclusividade. Em um mercado marcado por formas quadradas e cores neutras dos anos 1990, a Apple se diferenciou dos concorrentes com uma proposta inovadora e com *designs* modernos.

Possuir uma identidade de marca bem construída e coerente com seus valores e propósitos auxilia no reconhecimento por parte de seu público. A criação de uma identidade visual com um logotipo e nome relevantes e que possam transmitir os objetivos da empresa é essencial.

Porém, a identidade visual não é composta apenas de marca e nome, são diversos fatores que criam o universo de uma marca. Os principais são:

- **Cores** – cada cor transmite ao receptor uma sensação e desperta um determinado sentimento. Cores como amarelo e laranja transmitem energia, criatividade e atração. Elas são muito utilizadas em restaurantes, pois abrem o apetite e estimulam a interação social. O azul, por exemplo, é utilizado para transmitir segurança e estabilidade, e isso faz com que empresas do ramo de seguros e saúde prefiram essa cor.

Selecionar uma cor para a identidade visual do seu negócio deve ser uma escolha que represente muito mais do que o seu gosto pessoal. É preciso que ela esteja alinhada à percepção que você deseja transmitir e ao público que será atingido. O uso da cor na identidade visual deve ser contínuo a fim de fortalecer a marca.

- **Ícones, imagens e símbolos** – a identidade de uma marca é mais que os elementos utilizados em seu logo, inclui também outros itens que dão suporte a ela. Os ícones que auxiliam na composição de artes, ilustrações ou estilos de desenhos únicos em materiais promocionais identificam a marca da empresa junto ao seu público. Um bom exemplo é a campanha de lançamento do Apple iPod, em meados do ano 2000, em que foram utilizados silhuetas e vetores nas campanhas publicitárias do produto.

- **Tipografia** – o tipo de letra utilizado, com serifa ou sem serifa, caixa alta ou caixa baixa, faz parte da identidade da marca. Uma identidade concisa deve possuir um padrão de repetição, não é aconselhável o uso de uma fonte em um material e outra totalmente diferente em outro, isso causa perda de unidade e, por consequência, de identidade. Afinal, dessa forma, seu público não associa uma ação a outra.

- **Slogans** – uma marca precisa e deve ter mais do que apenas formas e cores para ser identificada. O uso dos *slogans* é uma maneira de identificar as marcas e auxiliar na comunicação da empresa. Imagine uma propaganda de rádio, que não existe o elemento visual, o *slogan* auxilia como assinatura na associação da mensagem à marca. Um *slogan* pode ser alterado durante a jornada da empresa, pois ele sempre deve estar atrelado ao posicionamento de marca vigente.

- **Tom e voz** – a personalidade de uma marca vai além de sua visão e missão, ela passa também pela forma que se comunica e do jeito que ela fala, independente do canal ou formato de conteúdo utilizado. Sua comunicação é séria e direta ou informal e bem-humorada? Definir qual será a personalidade da marca propicia identificação com o público. No contato com um público jovem, o uso de uma linguagem muito séria pode afastar bem como ser extrovertido e usar gírias com um público mais maduro pode causar estranheza.

3.3 Branding no ambiente digital

Antes do surgimento da internet e das redes sociais, as empresas trabalhavam o branding de suas marcas através das mídias tradicionais como TV, rádio, revistas e jornais. Porém, a internet apareceu e um oceano de possibilidades surgiu junto com ela.

O branding digital é a gestão da marca nos meios digitais. Nesse universo, devem ser considerados a identidade e seus valores, as estratégias online e offline, somados ao uso do design e da psicologia na relação com o consumidor. Atualmente, existem diversas formas de se relacionar com os consumidores e cada marca deve selecionar o canal, ou canais ideais, que irá utilizar para gerenciar esse relacionamento.

A hiperconectividade do mundo atual influencia diretamente na gestão de marca digital. Desde o primeiro momento em que há a interação entre marca e consumidor, deve-se pensar e direcionar as ações para que ele se torne mais que um cliente, um fã. A percepção da marca na mente do consumidor ganha enorme importância e as ações online do marketing digital associadas ao posicionamento e valores do branding digital formam uma combinação de sucesso.

Os canais digitais possuem características e custos diferentes, na maioria das vezes menores do que as mídias tradicionais e talvez sejam necessárias adaptações. Uma identidade visual, quando criada, deve ser pensada também para a versão digital em que seu uso é, normalmente, em versões reduzidas. Por isso, a legibilidade do conteúdo em aparelhos com telas pequenas deve ser muito bem planejada.

As cores no ambiente virtual possuem grande relevância, diferentes canais e plataformas digitais devem possuir a mesma identidade. O seu público pode utilizar em um momento o Facebook e logo em seguida mudar para o YouTube, e nessas redes sociais a sua identidade visual deve ser a mesma.

As cores auxiliam na criação dessa unidade e padronização. O estilo gráfico também fortalece a identidade visual nos diferentes canais, a reprodução padronizada da ilustração, fontes e imagens possibilita que o usuário associe os conteúdos à marca. Você se lembra do fundo vermelho com a ondulação branca da Coca-Cola? Se houver a reprodução desse mesmo elemento em diferentes canais, ele será reconhecido mesmo sem o nome da marca estar escrito.

O conteúdo deve possuir consistência para que não seja perdido o propósito da marca ao longo da jornada. A marca deve estar presente no cotidiano das pessoas, aparições esporádicas não causam o impacto desejado na vida dos seus consumidores a ponto de poder influenciá-los.

Desafios do branding digital

Do mesmo modo que os meios digitais trouxeram mais possibilidades de interação com o consumidor, eles também possibilitaram que esse consumidor ganhasse muito mais independência. No modelo tradicional de marketing, o consumidor não escolhia onde iria consumir ou descobrir informações sobre os produtos e serviços que desejava, ele as recebia conforme as ações das empresas.

Atualmente, ele escolhe onde vai consumir e em qual canal irá se informar, não é preciso mais entrar em contato com a empresa para obter informações sobre os produtos, pois o consumidor utiliza as redes sociais para coletar opiniões e avaliações que ajudam a formar sua opinião.

Desse modo, há menos controle sobre o que e como é dito a respeito das marcas. São as experiências que outros consumidores tiveram com a marca que poderão influenciar o processo de compra. É necessário, cada vez mais, transformar seu cliente em um fã que será promotor e defensor da sua marca.

Esse relacionamento estreito com o consumidor ajuda a proteger sua marca em momentos de crise, quando a credibilidade dela é posta em xeque devido a possíveis deslizes. No mundo digital, o impacto de uma crise é muito maior devido ao rápido compartilhamento, o que exige uma ação imediata da empresa. Uma base forte de fãs, que compartilham dos ideais e propósitos da marca, ajuda a estancar e a diminuir os prejuízos.

Criar essa identidade positiva junto a seus clientes é o caminho de sucesso no branding digital, porém a competitividade é extremamente alta. O mundo digital permite que mais empresas atuem em diferentes frentes com os consumidores e eles irão escolher o que for mais conveniente a suas necessidades.

Essa enorme gama de possibilidades e desafios dos meios digitais traz prós e contras, mas nada é tão importante quanto a possibilidade de interagir com um grande número de consumidores ao mesmo tempo. O consumidor moderno necessita ser abraçado pela organização e compartilhar dos mesmos ideais. A experiência é tão valorizada a ponto de o preço do produto ou serviço não ser o foco principal na decisão de compra.

3.4 Interações e engajamento

As ações do branding digital têm como intuito estreitar as relações entre empresa e consumidor, gerando interações e engajamento nas mídias sociais. Comentários, compartilhamentos, curtidas e avaliações descrevem muito a audiência e como as pessoas confiam e percebem a marca.

Possuir relevância nas redes sociais é uma das maiores preocupações das empresas no mundo digital. Afinal, os brasileiros passam mais de 3 horas por dia nas redes sociais, compartilhando experiências boas e ruins, socializando, consumindo conteúdo e adquirindo produtos e serviços.

Estratégias de marketing são construídas para atingir e engajar o público para que se obtenha o resultado estimado. Por isso, não há como escolher entre interação e engajamento, um é importante para que o outro vá bem e traga resultados para sua empresa. A seguir, vamos ver detalhes e diferenças entre esses dois termos.

Interação

Curtidas, comentários, compartilhamentos, salvamentos e demais ações que os usuários fazem com suas publicações são interações. Trata-se de métricas que são possíveis de mensurar, analisar e assim, estipular qual o alcance de suas publicações.

Figura 3.4 – Ícones de interação nas redes sociais

Fonte: Stock.adobe.com/Meranda

O conteúdo deve ser planejado e as artes criadas com o objetivo de atrair o público e fazer com que ele interaja com a publicação. O objetivo de um post, anúncio ou campanha é, além de transmitir uma mensagem, incentivar o seguidor a interagir com ela. Essa interação pode acontecer através de um "like", do envio da publicação para um amigo por mensagem, ou mesmo salvando-a nos favoritos para consultá-la posteriormente.

Através dos números coletados com essas interações, é possível medir a quantidade de pessoas que estão acessando seu conteúdo e qual a relevância dele para elas. Existem estratégias que podem ser utilizadas nas publicações para estimular as pessoas a interagirem, são elas:

- **Perguntar aos seguidores** – as pessoas gostam de ser ouvidas e saber que a opinião delas é importante, por isso utilize as ferramentas que cada canal possui para estimular essa interação. Através das respostas, você pode descobrir dores, desejos e preferências da sua audiência, além disso é possível pensar em conteúdo a partir delas, fazendo com que seu público se sinta importante e aumente o engajamento.

- **Responder o seu público** – redes sociais são um local de interação e, por isso, todo comentário merece e deve ter uma resposta. Às vezes, pode ser uma resposta longa e embasada, principalmente se for para reforçar a imagem da organização ou produto, mas em outras situações pode ser utilizado apenas um "emoji" piscando ou um coração. Lembre-se, toda vez que você responde um comentário o seguidor vai ser notificado e isso reforça a presença da marca.

- **Usar os recursos interativos** – redes sociais como o Instagram disponibilizam o Stories, publicações que desaparecem em 24 horas, mas que são equipadas com diversos meios de interação como perguntas, enquetes, contagens regressivas, testes e muito mais. Usando com sabedoria essa ferramenta, as interações irão aumentar.

Engajamento

Quanto mais seguidores melhor, afinal os números não mentem, mas eles podem passar a impressão errada. Nas redes sociais, é possível ter centenas, milhares até milhões de pessoas seguindo suas postagens, mas quantas interagem de alguma forma com elas? Esse grau de participação dos seguidores com as publicações é medido através do engajamento. Ele consiste em saber quantos dos seus seguidores estão constantemente interagindo com suas postagens e conteúdo.

Imagine ter milhares de seguidores, mas apenas algumas dezenas curtirem ou compartilharem seus posts, seria como discursar para um estádio de futebol lotado e apenas as pessoas que estão ao seu lado ouvirem a sua mensagem. Não parece muito efetivo, não é?

Por isso, o engajamento é tão importante, com ele é possível ter uma resposta precisa sobre sua estratégia de marketing. Um engajamento alto significa que você está no caminho certo, já um engajamento baixo pode representar a necessidade de realizar uma análise mais aprofundada e talvez uma mudança de curso.

O engajamento é a construção de um relacionamento a longo prazo e, para isso, é importante prestar atenção nos seguintes aspectos:

- **Experiência do cliente** – um cliente satisfeito se tornará fiel e um defensor da marca. Não significa que ele tem sempre razão, mas que toda a atenção e forças devem ser dedicadas para atender as necessidades dele, ouvir suas dores e atendê-lo da melhor forma possível.

- **Humanização da marca** – pessoas gostam de interagir com pessoas, não com uma inteligência artificial. É importante para o consumidor saber que há alguém do outro lado que o entende e irá escutá-lo. Institua um porta-voz para a sua marca, alguém que irá representá-la em conteúdos divulgados principalmente nas redes sociais. Existem empresas que utilizam mascotes digitais, como o Magazine Luiza, com a Lu da Magalu.

- **Personalidade e ousadia** – um conteúdo insosso, que não estimula nenhum sentimento, não proporcionará resultados. Expressar sua opinião de forma forte, porém respeitosa, é uma ótima maneira de gerar interesse e interações. Ousar na comunicação e no conteúdo o torna interessante e gera expectativa.

- **Conteúdo útil** – cada vez mais os usuários utilizam as redes sociais para consumir conteúdo relevante, não apenas para ver fotos ou vídeos engraçados. Associar um conteúdo que resolva um problema do seu consumidor a um produto que comercializa, potencializa a experiência do cliente e sua satisfação. É comum a busca no YouTube de vídeos tutoriais sobre diversos assuntos, por que não criar um canal de vídeos que explicam e mostram todas as funcionalidades de seus produtos?

3.5 Call to action

- Entre sem bater!
- Mantenha a porta fechada!
- Sorria, você está sendo filmado!

Em algum momento, você já foi impactado por uma dessas mensagens, que são muito comuns em nosso cotidiano. E nos meios digitais isso não é diferente, nos sites, redes sociais, e-mails e anúncios sempre há uma chamada para uma ação.

Figura 3.5 – Botão de ação

Fonte: Stock.adobe.com/Matias

O Call to Action (CTA) no marketing de performance é essencial para que os usuários realizem ações desejadas como preencher um cadastro, baixar um *e-book* ou acessar um *link* de conversão. Mas, não adianta apenas colocar um botão aleatoriamente, com uma cor chamativa e um texto pedindo que o usuário clique para se cadastrar. O uso do CTA deve considerar alguns pontos importantes e estar alinhados a sua estratégia.

Como sabemos, o funil de vendas é composto por diferentes estágios (topo, meio e fundo de funil) por onde o usuário faz sua jornada de compra até a conversão final. Sendo assim, o *call to action* utilizado deve ser direcionado ao público para o qual a publicação é dirigida. Para um consumidor que se encontra no topo do funil, é mais interessante oferecer o *download* de um material educacional ou uma chamada para *live*, que o encaminhem para os próximos estágios.

Conhecer a audiência que acessa os seus conteúdos facilita a escolha e o uso adequado do CTA. Tenha em mente a *persona* ou *personas* que representam seu público e construa conteúdo direcionado a elas com uma chamada para ação que as seduzirão. Imaginemos que uma das *personas* é um aluno de inglês que gosta de viajar, com essa informação pode-se criar, por exemplo, um conteúdo sobre os melhores países para se fazer intercâmbio. Assim, o CTA poderá direcionar essa persona a fazer o *download* de um *e-book* com dicas focados sobre a experiência no exterior. Quanto mais relevante for o *call to action* para sua audiência maior a probabilidade de conversão.

Escolha o objetivo correto

Sabemos que a função do *call to action* é levar o usuário a realizar uma ação que o faça evoluir no funil de vendas. Mas, no ambiente digital, existem diversos objetivos para um CTA e a escolha correta ajudará no sucesso das estratégias selecionadas, que podem ser:

- **Gerar tráfego para outro artigo ou sessão no *site/blog* –** quantas vezes ao ler um artigo ou notícia em um *blog* ou *site* você percebeu *links* no meio do texto ou *banners* que o direcionavam a outros temas dentro do mesmo *site*? Essas estratégias de otimização são chamadas de SEO on page, totalmente controladas pelo administrador do *site* e busca melhorar a relevância em mecanismos de busca sem precisar de *links* externos.

- **Inscrições em** *newsletter* – todo conteúdo é produzido com o intuito de gerar interações, engajamento e reter o usuário, por isso oferecer um *link* de inscrição em uma *newsletter* é uma forma de angariar *leads* e avançá-los no funil de vendas.

- **Recomendar um** *download* – iniciativa muito usada como forma de oferecer um conteúdo especial ou exclusivo ao usuário. O material oferecido pode ser um *e-book*, apresentação de *slides*, uma planilha em Excel, um *podcast*, entre outros.

- **Direcionar para uma** *landing page* – *landing pages são páginas de conversão, o último estágio para que o lead* se transforme em um comprador. Usar um *call to action* em posições estratégicas para levar a essas páginas, é uma excelente forma de encurtar a jornada no funil de vendas.

- **Interações nas redes sociais** – as redes sociais possuem grande potencial para viralizar conteúdos, com isso chamadas para ação que estimulem compartilhamento, curtidas ou comentários são muito utilizadas para aumentar o engajamento.

- **Assistir um vídeo** – a mensagem é mais facilmente assimilada quando apresentada no formato audiovisual, por isso é importante utilizar CTAs que direcionem sua audiência a assistir um conteúdo no formato de vídeo.

- **Participar de um evento** – convide seus seguidores a participar de uma *live*, *webinar* ou um congresso presencial. Esses *call to actions* devem ser utilizados em períodos anteriores aos eventos a fim de gerar demanda e expectativa.

- **Responder a uma pesquisa** – saber o que seu cliente pensa é importante e uma excelente forma de se diferenciar no mercado. Incentivar seu público a participar de questionários irá fornecer um banco de informações riquíssimas.

Use os *call to actions* em todos os canais possíveis, no seu *site* com chamadas para conhecer um produto, nas redes sociais para aumentar interações, como compartilhamento e curtidas, ou em anúncios para estimular uma venda. Teste cada formato e objetivo, mensure os resultados através de ferramentas como o Google Analytics, observe quais performaram melhor e aperfeiçoe o processo. Cada audiência tem suas preferências e você deve descobrir o que funciona melhor em cada caso.

Durante este capítulo, falamos sobre desenvolver conexões emocionais com sua audiência, mas para isso sua casa tem de estar pronta para receber visitas. Então, vamos responder alguns itens importantes:

Qual é seu ícone nos canais?

_____

_____

Quais cores são utilizas nos canais?

_____

_____

Quais símbolos são usados?

_____

_____

Qual tipografia está sendo usada?

_____

_____

Qual experiência está sendo entregue?

_____

_____

ESTRATÉGIA DE IMPULSIONAMENTO

Cada vez mais, as vendas online vão se tornando algo comum na rotina das pessoas em uma sociedade na qual praticamente todos os que estão em idade de consumo possuem acesso à internet. Somente no primeiro trimestre de 2021, foram realizadas cerca de 78,5 milhões de compras online no Brasil. O resultado disso? Um faturamento de 35,2 bilhões de reais em apenas três meses.

Para fazer parte desse universo, é imprescindível ter uma presença consolidada no mundo digital, conhecer seu público, ter um branding forte, conhecer os canais, ferramentas, processos de vendas e anunciar. Mais de 50% das pessoas tendem a clicar em anúncios na internet. E esse número pode chegar até a 77% se o anúncio chegar através de um e-mail, pois as pessoas gostam de se sentirem únicas, com ofertas feitas exclusivamente para elas.

Com o passar do tempo, mais empresas investem em anúncios no meio digital para a divulgação e comercialização de seus produtos. Diferente do que ocorre no tráfego orgânico, em que não é investido dinheiro diretamente em campanhas de anúncios, o tráfego pago tem potencial de encaminhar consumidores mais qualificados, que foram selecionadas devido à segmentação utilizada na programação do anúncio.

Quantas vezes ao fazer uma pesquisa em um mecanismo de busca, ou navegando em uma rede social, você não foi impactado por um anúncio? Ou então, não recebeu um e-mail com ofertas de um produto que tinha pesquisado em um e-commerce, mas tinha desistido da compra na última hora? São estratégias diferentes, mas muito úteis, de utilizar anúncios na internet para alavancar as vendas ou aumentar conversões.

Diferente dos anúncios tradicionais, geralmente em televisão, rádio ou mídia impressa, que tinham como características serem caros e terem alcance limitado, os anúncios online podem apresentar sua marca, produto ou serviço para um número enorme de pessoas por um valor acessível. Atualmente, é possível utilizar diferentes canais para anunciar em portais, mecanismos de buscas, redes sociais e demais plataformas que podem conectar o seu negócio ao seu cliente.

Estratégia de impulsionamento

O Google, maior mecanismo de busca do mundo, possui uma ferramenta para veiculação de anúncios, o Google Ads. Você alguma vez já deve ter percebido que, ao realizar uma pesquisa, os três primeiros resultados são anúncios pagos que têm o objetivo de impactar o usuário antes que ele veja os resultados da busca orgânica.

Figura 4.1 – Página de busca do Google

Fonte: elaborada pelo autor.

4.1 Devo investir em anúncios?

Sim, com certeza deve-se fazer campanha de anúncios pagos na internet. Existem inúmeros negócios no mercado digital, o que aumenta a concorrência e obriga as empresas a diversificarem as estratégias digitais. Investir em anúncios é uma forma de atrair a audiência e colocar o seu negócio em evidência mais rapidamente.

Diferente das estratégias orgânicas, que possuem um tempo maior para apresentar resultados, os anúncios pagos propiciam resultados quase imediatos. Em pouco tempo após o início de uma campanha paga nas redes sociais, por exemplo, você poderá notar os resultados como clicks nos anúncios, visitas ao site e até contatos via mensagens.

Aumentar visibilidade, gerar tráfego, ter a possibilidade de segmentação de público e de usar diferentes formatos são apenas algumas das vantagens de investir em anúncios, saiba o porquê:

Aumento da visibilidade

Ao realizar uma pesquisa online com as palavras-chave configuradas em seu anúncio, os usuários serão direcionados para a sua campanha. Esse público dirigido aumentará o alcance da sua marca, a visibilidade de seu negócio e, com isso, poderá aumentar as chances de conversão.

Gerar tráfego

Com mais visibilidade, mais pessoas conhecem o seu negócio e buscam informações sobre ele. O tráfego a seus sites e redes sociais será alavancado devido à evidência gerada pelos anúncios pagos. Os anúncios precisam direcionar para algum local, seja para o seu site, landing page, e-mail ou rede social. O usuário direcionado tem grande potencial de se tornar leads, pois foi impactado por um primeiro conteúdo que gerou interesse e o fez clicar no anúncio.

Esse tráfego gerado pelos anúncios também colabora com o posicionamento do site nos buscadores, pois o tráfego é um dos fatores considerados para a avaliação e relevância de um site nesses mecanismos.

Segmentação de público

Escolher gênero, idade, localização, preferências e interesses, além de outras possibilidades de segmentação, é uma vantagem enorme dos anúncios online pagos. Anúncios veiculados em mídias tradicionais, como um outdoor, atingem muitas pessoas, algumas delas não fazem parte do seu público-alvo e não irão consumir sua oferta.

Já os anúncios online pagos possibilitam que você selecione quem irá ver o anúncio, em qual momento do dia (é possível estabelecer o horário de veiculação apenas para a noite, por exemplo), se durante um momento de lazer (assistindo um vídeo) ou consumindo conteúdo (lendo uma matéria em um portal).

Com essas diferentes opções de configuração, é possível testar e descobrir em qual momento seu público está mais disposto a receber uma oferta, quais são mais atrativas e o que terá melhores resultados.

Investimento acessível

Você sabe quanto custa para fazer uma propaganda em uma edição de uma revista de circulação nacional? Cada veículo tem sua tabela de preços, mas os valores são altos e na maioria das vezes inacessíveis para as empresas.

Agora, você sabe quanto é necessário para iniciar uma campanha de anúncios na internet? A primeira coisa que você precisa saber é que os valores são flexíveis, você pode investir tanto um valor baixo quanto uma alta quantia, tudo depende de suas condições e dos resultados que deseja obter.

Desse modo, não é necessário em um primeiro momento desembolsar uma enorme quantia, é possível começar com um valor mais acessível e verificar quais os resultados estão sendo gerados. Com o tempo, e de acordo com suas estratégias, pode-se aumentar o investimento, tomando o cuidado de sempre analisar se o ROI (Retorno sobre Investimento) está conforme planejado.

Mensuração de resultados

Todas as plataformas de anúncios online possuem inúmeros dados a respeito dos anúncios veiculados. É possível acompanhar em tempo real o desempenho de cada anúncio, a partir de inúmeros dados que auxiliam na estratégia.

Se o objetivo é encaminhar o usuário para um site, é possível saber quantas pessoas apenas visualizaram o anúncio, quantas clicaram nele, de qual localidade é esse usuário, qual sua idade, gênero e muito mais. Todos esses dados auxiliam a entender ainda mais o perfil do seu público, suas preferências e suas dores, e especificar sua persona ainda mais.

Diferentes formatos

Anúncios online pagos estão presentes em diferentes plataformas de mídia. É possível anunciar em redes sociais como Facebook e Instagram, páginas de conteúdo como portais de informação e em mecanismos de buscas como o Google. Cada uma delas possui uma particularidade e, portanto, deve-se testar e descobrir qual possibilitará obter os melhores resultados, inclusive pode ser mais de uma plataforma.

Anunciar em buscadores possibilita atender uma necessidade específica e assim aumentar a chance de conversão. Estar nessa plataforma garante que seu anúncio será veiculado quando alguém utilizar a palavra-chave que remete a ele. Pense que você possui uma marcenaria em Curitiba, capital do Paraná, quando alguém pesquisar os termos "marceneiro, Curitiba" e você tiver seu anúncio linkado a eles, a sua oferta será veiculada. Nesse momento, você está chamando a atenção de quem precisa, no momento ideal, quando o usuário está em busca de alguém para resolver um problema.

4.2 Alcance orgânico *versus* alcance pago

O principal objetivo quando se inicia um empreendimento digital é ganhar reconhecimento e visibilidade para a marca. Desenvolve-se um site, uma landing page, cria-se perfis em redes sociais para estar perto do público. Mas, como fazer para tornar a marca conhecida tanto pelos concorrentes como pelos consumidores?

Como existem inúmeras opções no mercado, não basta apenas ter todas essas ferramentas e esperar o cliente vir, pois isso não irá acontecer. É necessário atrair o usuário para que ele conheça seu negócio, produtos e serviços. E há duas formas de se fazer, através de alcance orgânico e alcance pago.

Alcance orgânico

O alcance orgânico tem como principal característica não ser utilizado nenhum investimento direto para obter resultados. O tráfego ao site é gerado de forma natural, advindo de pesquisas em mecanismos de buscas, indicações de outros sites e com um bom e otimizado SEO do site.

Devido a maioria dos resultados do tráfego orgânico ser originada pelos mecanismos de buscas, a escolha e uso de palavras-chave devem ter como objetivo aumentar as possibilidades de ranqueamento do site, abordaremos mais sobre esse assunto nos próximos capítulos.

Segundo pesquisas da Moz, em mais de 70% das buscas realizadas, os resultados apresentados na primeira página têm mais chances de terem cliques. Por isso, o uso de estratégias de marketing de conteúdo e SEO deve ser priorizado, para que a relevância do seu conteúdo impulsione sua posição nessas buscas.

Produzir conteúdo relevante e original, que possua palavras-chave ligadas ao seu negócio, configura-se como uma estratégia altamente eficiente. Associe seus conteúdos aos interesses e preferências da persona de seu negócio. Para que seu link seja o escolhido entre milhares, é necessário construir e estabelecer a autoridade da marca, tornar ela sinônimo de algo confiável e relevante ao usuário. Ter um domínio conhecido e corresponder às intenções do usuário no momento da pesquisa também é importante.

MARKETING DE PERFORMANCE

O alcance orgânico é uma maratona, uma corrida longa, ele não produzirá resultados rápidos. Mas, com certeza, trará bons frutos a médio e longo prazo. Com conteúdo relevante, os resultados são duradouros. Um post com informações valiosas a respeito de um tema específico continuará gerando visitas e resultados enquanto sua página estiver no ar.

Posts de blogs se configuram como uma boa estratégia a ser usada na mídia orgânica, materiais com conteúdo relevante e bem elaborado propiciarão bom engajamento. Pensando nisso, o uso de post nas redes sociais é altamente indicado para essa função, inclusive como forma de redirecionamento para outros locais, como sites e páginas de conversão.

Quanto mais conteúdo é produzido e fornecido ao usuário, maiores são as probabilidades de fortalecer sua autoridade e aumentar a visibilidade de sua marca na internet. Por ser uma estratégia que não possui custos diretos, ela deve ser utilizada ininterruptamente, porém há custos indiretos como criação de blogs e sites, contratação de profissional para a produção de conteúdos e otimização.

Alcance pago

Resultados rápidos e grande alcance são termos que podemos atribuir ao alcance pago. Com campanhas bem estruturadas, uma boa segmentação e ótimos criativos, os resultados serão percebidos em instantes. Mas, toda essa velocidade e alcance possui um custo, o de veiculação de anúncios em mecanismos de busca, sites parceiros e redes sociais.

O investimento em mídia paga nessas plataformas aumenta o tráfego de usuários para blog, sites e páginas de conversão. Ao investir em links patrocinados ou impulsionar posts nas redes sociais, esses materiais serão exibidos em destaque para quem possui o perfil delimitado e que, por consequência, tem maior tendência a consumir suas ofertas.

Apesar de ser uma mídia que demanda investimento, anúncios pagos não são caros. O investimento no alcance pago é realizado de acordo com os objetivos de sua campanha e no orçamento disponível para realizá-la. Obviamente que, quanto maior for o montante investido e o tempo do anúncio veiculado, maiores são as chances de alcançar resultados de sucesso.

Plataformas de anúncio pago possuem normalmente duas maneiras de cobrar os anúncios, por cliques e por impressões. Vamos ver a diferença entre elas.

- **Custo por clique (CPC)**: nessa modalidade, a cobrança é realizada toda vez que um usuário clica no anúncio, é possível delimitar um teto de orçamento, de forma que ao atingir esse limite o anúncio para de ser veiculado.

- **Custo por impressão (CPM)**: nesse formato, a cobrança acontece sempre que o anúncio atinja o número de mil visualizações. Assim como na modalidade CPC, também é possível estabelecer um teto de orçamento para esses tipos de anúncios.

Uma grande vantagem dos anúncios pagos é a mensuração dos resultados. Todas as plataformas dispõem de ferramentas e dados que podem criar relatórios completos sobre cada campanha e anúncio. A partir delas, é possível identificar tendências, preferências, necessidades e interesses do público. Saber o que sua audiência gosta e o que não a interessa, possibilita criar campanhas cada vez mais direcionadas e que obterão resultados cada vez melhores.

A possibilidade de segmentar o público, que irá visualizar o anúncio, auxilia a criar campanhas específicas para diferentes grupos que estão em etapas distintas do funil de vendas. Por exemplo, usar um link patrocinado, com conteúdo e palavras-chave direcionadas a leads que se encontram no fundo do funil, pode aumentar as taxas de conversão consideravelmente.

Infelizmente, manter o fluxo de tráfego pago depende de investimento contínuo para manter os anúncios sempre em veiculação, por isso, as estratégias de alcance pago devem ser planejadas tendo em vista os objetivos específicos e o orçamento estipulado.

As principais formas de veicular anúncios pagos são através do Google Ads e do Facebook Ads. Com o Google Ads, é possível veicular anúncios nos produtos do Google (ferramenta de busca, e-mail, rede de display e parceiros) além do YouTube. Já pelo Facebook Ads, é possível criar anúncios para o próprio Facebook e Instagram, com impulsionamento de posts e posts patrocinados.

O que é melhor?
Alcance orgânico ou pago?

A decisão de investir em alcance orgânico ou pago baseia-se em saber quais são os objetivos, recursos disponíveis (tanto para contratar pessoas como para disponibilizar dinheiro) e a urgência para obtenção dos resultados. O cenário ideal é utilizar as duas modalidades, pois elas são complementares, e não excludentes.

Uma estratégia de mídia paga pode e deve ser apoiada pelo conteúdo criado para o orgânico. O lançamento de um produto, uma promoção, uma queima de estoque precisam de resultados rápidos, um volume maior de alcance em pouco tempo. Para essas ocasiões, o uso de anúncios pagos é ideal, pois é ele que trará esses resultados. Já a formação de uma comunidade, fidelização de clientes e criação de uma base é feita através do alcance orgânico, com a veiculação constante de conteúdo de valor para quem os consome.

Imagine o seguinte cenário, durante meses foi oferecido conteúdo em seu blog e redes sociais que trouxeram autoridade e tornaram a sua marca referência no mercado (alcance orgânico). Após esse período, foram veiculados anúncios pelo Google Ads e Facebook Ads com segmentação de público, a fim de atingir a audiência já formada para a venda de um curso online que você irá oferecer (alcance pago).

Estratégia de impulsionamento

A união dessas duas estratégias possibilitará que a conversão seja muito mais fácil e rápida, pois o público já foi previamente convencido ao longo dos meses com a veiculação do seu conteúdo, assim o anúncio pago funciona como uma mola impulsionadora no alcance dessa oferta única.

Ao escolher entre um e outro, é importante levar em conta alguns aspectos.

Quadro 4.1 – Alcance orgânico *versus* alcance pago

Alcance orgânico	Alcance pago
A maioria dos cliques obtidos (cerca de 80%) ocorre nos resultados orgânicos da primeira página dos buscadores	Menor número de cliques (cerca de 20%) em anúncios nas primeiras páginas dos buscadores
A longo prazo, o custo do lead é menor	A longo prazo, o custo do lead é maior
Resultados lentos, obtidos a longo prazo	Resultados rápidos, imediatos
Existe a possibilidade de ganhar relevância e alcançar melhores posições nos mecanismos de busca	Você pode alugar o espaço nas páginas iniciais dos buscadores, enquanto desenvolve e otimiza suas estratégias de SEO
Os conteúdos são perenes, o que possibilita continuar a gerar leads	Ao fim da campanha, não é mais possível obter novos leads
Aumento de engajamento e interação com o conteúdo	Possibilidade de segmentar o público e realizar campanhas direcionadas

Fonte: elaborado pelo autor.

4.3 Facebook Ads e Instagram Ads

Juntos, o Facebook e o Instagram possuíam em 2020, mais de 220 milhões de usuários, segundo pesquisa conjunta entre We Are Social e Hootsuite. Um número que cresce a cada dia, sendo o

Facebook a principal rede social do Brasil. Não precisamos de mais justificativas para afirmar que é imprescindível estar presente e anunciar nessas redes sociais.

Pensando tanto no anunciante iniciante quanto no mais experiente, o Facebook desenvolveu ferramentas para auxiliar a atingir as metas desejadas. Caso seja um iniciante nos anúncios digitais, é possível começar através do impulsionamento de publicações em suas páginas. Mas, se for um anunciante experiente, o Gerenciador de Anúncios oferece inúmeras opções que vão desde diferentes formatos até segmentação de público.

Com a integração entre Facebook e Instagram, para anunciar nessas duas redes basta possuir uma conta no Facebook, ter acesso à função de anunciante em uma página e já é possível começar a anunciar.

Anunciando no Facebook

Em sua própria página no Facebook, já são oferecidas opções para criar anúncios de forma rápida e fácil. Em algumas publicações, você pode promover ou realizar impulsionamento. É muito comum encontrar as seguintes opções:

- **Anúncios de página** – esse tipo de anúncio ajuda a alcançar um número maior de pessoas que podem ter interesse em sua página, o que é ideal para aumentar seu reconhecimento e visibilidade dentro da plataforma.

- **Anúncios de site** – utilizados para direcionar o seguidor a uma página externa como um site, blog ou landing page.

- **Botões com chamada para ação** – possui o objetivo de alavancar a interação com a página e proporcionar conversões através de um botão com um Call to Action. Por exemplo, adicionar um botão com as chamadas "compre agora", "cadastre-se" ou "saiba mais", entre outras.

Além dessas, existem outras possibilidades que podem ser utilizadas nos anúncios.

Impulsionar uma publicação: com essa opção, sua publicação poderá receber mais curtidas, comentários e compartilhamentos, além de alcançar um público que ainda não conhece o seu conteúdo.

Formatos de anúncios

A escolha do formato para os anúncios deve ser baseada nos objetivos definidos. Conheça abaixo os formatos disponíveis:

Imagem única – mais comum entre todos os formatos, o anúncio de imagem única consiste em uma imagem com texto. É muito importante o uso de imagens que sejam relevantes e pouco uso de texto. Em sua política de anúncios, o Facebook privilegia imagens, inclusive limitando o alcance de anúncios que possuem muito texto, sendo aconselhado o uso de apenas 20% da área do anúncio para texto. Esse tipo de anúncio é ideal para divulgar produtos em lançamento, ofertas especiais, chamar a atenção para a marca e direcionar para uma página externa através de um botão de ação.

Vídeo – cada vez mais os vídeos vão ganhando destaque nas mídias sociais sendo altamente compartilhados e gerando grande alcance. O ideal é sempre optar por vídeos curtos para que as chances de serem completamente assistidos aumente. É recomendado que, nos primeiros segundos do vídeo, já seja apresentada a mensagem principal para reter a atenção do usuário. Vídeos são ótimos para transmitir uma mensagem, um conceito, reforçar a imagem da marca junto aos fãs e chamar o público que navega pelo Feed de Notícias.

Carrossel – esse anúncio possui uma sequência navegável de imagens ou vídeos. É necessário ter no mínimo duas mídias e no máximo dez em seu anúncio. Esse formato é indicado quando é preciso apresentar diferentes produtos de uma linha, como uma loja de roupas, por exemplo.

Esse tipo de formato pode ser usado para contar histórias, com passagem de tempo ou detalhar um produto.

Figura 4.2 – Anúncio carrossel

Fonte: Stock.adobe.com/Evgeniy Zimin

- **Coleção** – criado especialmente para lojas e e-commerce, esse formato possibilita apresentar até cinquenta produtos de uma vez e também que o usuário realize a compra direto pelo celular. É uma vitrine virtual, disponível apenas para a versão em dispositivos móveis.

- **Apresentação multimídia** – muito parecido com uma apresentação de slides, a apresentação multimídia consiste na seleção de imagens estáticas que são transformadas em um pequeno vídeo com efeitos e transições. Esse formato pode ser utilizado quando a empresa oferece muitos serviços e é preciso divulgá-los em apenas um espaço, ou então, na apresentação de vários produtos de um portfólio, como apartamentos que estão à venda em uma imobiliária.

- **Canvas** – um formato imersivo que ocupa a tela inteira do dispositivo móvel. Podem ser utilizadas tanto imagens como vídeos e é indicado para promover novos produtos, contar histórias e envolver os usuários. Assim como o formato coleção, ele é apenas veiculado em dispositivos móveis.

Anunciando no Instagram

Os anúncios do Instagram são muito parecidos com os do Facebook, inclusive utilizam a mesma ferramenta do Facebook, o Gerenciador de Negócios, para a criação, programação e veiculação de anúncios e campanhas. Os anúncios criados para o Instagram devem possuir os formatos de foto ou vídeo do aplicativo, inclusive a única diferença visível entre um anúncio no Instagram e uma publicação normal é a tag "Patrocinado"que aparece acima da imagem.

Figura 4.3 - Anúncio Instagram

Fonte: elaborada pelo autor.

Os usuários do Instagram têm a possibilidade de interagir com os anúncios dando likes, compartilhando, comentando e realizando outras ações comuns nos posts que não são patrocinados.

Uma qualidade dos anúncios é a possibilidade de adicionar links, o que não é possível em postagens comuns no Instagram. Utilizando uma Call to Action relevante, é possível encaminhar o usuário do aplicativo para uma página de captura e conversão. Porém, é importante sempre criar anúncios que sejam relevantes ao público, pois é possível que os usuários do aplicativo deem um feedback sobre eles.

Através das opções que aparecem nos três pontinhos na lateral direita superior do anúncio, o usuário pode selecionar "ocultar anúncio" e responder algumas perguntas explicando o motivo da escolha. Essas respostas irão auxiliar o algoritmo a segmentar ainda mais os anúncios e fornecer apenas o que o usuário deseja consumir.

Formatos de anúncios

Atualmente, o Instagram possui cinco formatos de anúncio:

- **Carrossel** – um conjunto de duas ou mais fotos, sendo permitidas no máximo dez imagens. Formato ideal para anúncios que precisam contar uma história com uma sequência sem ser um vídeo.

- **Imagem única** – similar aos anúncios de imagem única do Facebook, deve-se privilegiar a foto em relação ao texto. Lembre-se, o Instagram é uma rede de compartilhamento de fotos e vídeos.

- **Vídeo único** – vídeos de no máximo 60 segundos veiculados no meio do Feed do usuário, Stories e Reels. É possível criar um vídeo no próprio aplicativo com a animação de fotos.

- **Apresentação multimídia** – similar a uma apresentação de slides, a apresentação multimídia consiste na seleção de imagens visualmente atraentes. Pode ser utilizada na apresentação de vários produtos de um portfólio, por exemplo.

◀ **Coleção** – formato imersivo, apresentado apenas nos aplicativos móveis em tela cheia, é um tipo de anúncio voltado para a venda de produtos, como uma vitrine virtual. Para seu uso, é preciso ter sua loja cadastrada no Gerenciador de Catálogo do Facebook.

4.4 Anúncios no Google Ads e YouTube

Diariamente, são realizadas pelo menos 3,5 milhões de pesquisas no Google, uma média de 40 mil buscas a cada segundo, conforme dados de Internet Live Stats. Esses números impressionantes já mostram a importância de estar na maior página de buscas existente. Imagine então, anunciar nesse gigante digital? Isso é possível através do Google Ads, a plataforma de anúncios criada pela Google apenas dois anos após o lançamento do seu buscador. Hoje, movimenta bilhões de dólares por ano em publicidade.

A principal força do Google Ads no mercado de anúncios digitais pagos, é possibilitar que as empresas que anunciam se destaquem para um público extremamente segmentado. O fato de investir em uma audiência qualificada e que tenha relação com seu negócio é muito mais vantajoso do que ter seus anúncios exibidos para milhares de pessoas que não possuem afinidade com seu produto e não irão comprá-lo.

Através do uso de cookies[10] e palavras-chave, é possível para os anunciantes escolherem quais anúncios serão exibidos e em

---

10 Os cookies de sites são pedaços de códigos criados em seu dispositivo todas as vezes que você acessa um site que se utiliza desse recurso. A finalidade é fazer a identificação do usuário caso ele volte para a mesma página, de forma que os dados entre as páginas sejam transportados mais rapidamente. Disponível em: https://avio.com.br/blog/cookies-de-sites-guia-com-tudo-o-que-voce-deve-saber/

quais locais. Como toda mídia online paga, os investimentos são de acordo com sua estratégia e possibilidades. Não existe valor mínimo, porém como a plataforma funciona no sistema de leilão, no qual é oferecido dinheiro em troca de cliques, deve-se aplicar os investimentos com sabedoria. Mas, não seu preocupe, o sistema não favorece apenas quem paga mais, o Google possui um ranking dos anúncios e favorece aqueles que são realmente bons e relevantes.

Anunciando no Google Ads e YouTube

Atualmente, o Google Ads possui as seguintes formas de anunciar:

- **Anúncios na rede de pesquisa** – toda vez que o usuário realiza uma busca com palavras-chave no Google, os primeiros e últimos resultados apresentados são anúncios na rede de pesquisa. É possível identificá-los devido à pequena legenda "anúncio", que aparece antes do endereço do site. Também conhecidos como links patrocinados é o formato indicado para impactar usuários que buscam por produtos, serviços e solução muito específicos. O sistema de cobrança desses anúncios é o CPC (custo por clique), ou seja, só há cobrança no momento em que o usuário clica no anúncio.

- **Anúncios na Rede de Display** – o Google possui uma rede de sites parceiros que incluem páginas de notícias, blogs e websites, e formam a Rede de Display, que alcança cerca de 90% dos usuários da internet no mundo. Esses anúncios têm como características serem anúncios gráficos e são incluídos no formato de banners nos sites parceiros. Em alguns momentos, após pesquisar um produto no Google, começam a aparecer banners com os produtos pesquisados na maioria dos sites que se visita. Esse tipo de anúncio pode ser usado para conversão ou fortalecimento e exposição de marca, nesse caso, o sistema de cobrança é o CPM (custo por mil impressões), ou seja, a cobrança só é realizada a cada mil vezes que o anúncio é exibido.

◖ **Google Shopping** – ideal para e-commerce e quem possui um grande catálogo de produtos, o Google Shopping é uma ótima alternativa para promover os produtos e atrair tráfego para o site de conversão. O processo para anunciar consiste em encaminhar uma planilha com os dados que contenham as informações dos produtos para o Google Merchant Center. O próprio Google configura os anúncios e os exibe na Rede de Pesquisa e Rede de Display.

◖ **Anúncios para aplicativos** – os apps são uma nova tendência, mas é necessário que eles sejam conhecidos no mercado, sendo assim, o Google criou uma forma de anunciar os aplicativos nas Redes de Pesquisa (Google e Google Play) além de Redes de Display e YouTube.

Anunciando no YouTube

O YouTube é um produto da Google, a gigante digital adquiriu a plataforma de exibição de vídeos em 2006 pelo valor de 1,65 bilhão de dólares. Segundo o próprio YouTube, é duas vezes mais provável que um usuário compre um item que viu na plataforma. Mais de 70% dos espectadores afirmaram que conheceram novas marcas pelo YouTube e é quatro vezes mais provável que ele seja acessado do que outras plataformas na busca por informações sobre produtos, serviços ou marcas .

Anúncios no YouTube são feitos através do Google Ads, o mesmo utilizado para anunciar na Rede de Pesquisa e Rede de Display do Google. No YouTube é possível anunciar das seguintes maneiras:

◖ **Anúncios in-stream puláveis** – exibidos antes, durante ou após um vídeo, os anúncios puláveis são nomeados dessa forma, pois após 5 segundos de exibição, o usuário pode escolher entre assistir totalmente a reprodução ou pular a visualização. As formas de cobrança nesse formato são variadas, de acordo com a meta estabelecida. Se o sistema escolhido for o CPV (custo por visualização), a cobrança ocorrerá sempre que o usuário assistir pelo menos 30 segundos do vídeo ou o vídeo inteiro, caso a duração seja menor.

- **Anúncios in-stream não puláveis** – esses anúncios possuem as mesmas características dos anúncios puláveis quanto à forma de exibição (antes, durante ou depois de um vídeo), mas se diferem na questão de não poderem ser ignorados pelo usuário, que deve assistir a reprodução até o final. Os vídeos para esses formatos não podem exceder 15 segundos de duração e são cobrados por impressões.

- **Bumper ads** – os bumper ads são vídeos curtos, com apenas 6 segundos, que são exibidos antes de um vídeo e não podem ser saltados pelo espectador. É muito importante nesses anúncios, ter uma mensagem precisa e clara.

- **Masthead** – exibido na home do YouTube na parte superior da página, esse anúncio possui grande alcance e visibilidade, já que muitos usuários acessam a página inicial para realizar a pesquisa. Veiculado apenas através de reserva de espaço, dessa forma sendo necessário entrar em contato com um representante do Google, ele é indicado para o lançamento de novos produtos ou para impactar um grande número de pessoas em pouco tempo. Um ponto importante é que o vídeo é exibido automaticamente, sem a necessidade de o usuário dar o play, porém o vídeo inicia sem som, o que faz com que a mensagem deva ser transmitida sem o auxílio do áudio.

- **Anúncios de vídeo discovery** – apresentados juntos dos resultados de pesquisa, os anúncios discovery são posicionados em locais tradicionais utilizados para a descoberta de novos vídeos. Nessa modalidade, a cobrança apenas é realizada quando o espectador clica na miniatura do anúncio para acessar o conteúdo.

Estratégia de impulsionamento

◀ **Anúncios out-stream** – exibidos apenas em dispositivos móveis, esses anúncios não são veiculados dentro do YouTube, mas em sites e aplicativos parceiros do Google. Esses vídeos são reproduzidos automaticamente, com áudio desativado no início, e podem ser veiculados de várias formas como em banners, tela-cheia ou formato retrato. A cobrança desses anúncios é feita a cada mil impressões visíveis (vCPM), ou seja, é necessário que o vídeo seja visualizado por pelo menos 2 segundos para que a cobrança ocorra.

Qual tipo de publicação efetuar?

_____

_____

_____

O que é melhor? Tráfego pago ou orgânico?

_____

_____

_____

Qual é a vantagem do tráfego pago?

_____

_____

_____

Qual é a vantagem do tráfego orgânico?

_____

_____

_____

APOSTE EM INBOUND MARKETING

5.

Você se lembra de como eram as propagandas antes da chegada da internet? Famílias, casais e amigos se reuniam em frente à televisão para assistir um programa, filme ou jogo e, de repente, eram interrompidos pelo intervalo comercial. O marketing dos produtos era realizado através da interrupção de um momento prazeroso, o que proporcionava ao telespectador a hora ideal para buscar um aperitivo, pegar uma bebida, ir ao banheiro e não ser impactado pela mensagem.

Obviamente que, pela TV ser um veículo de massa, as empresas obtinham resultados com os telespectadores que assistiam suas campanhas publicitárias, mas quantas dessas pessoas impactadas pelos anúncios realmente comprariam o produto oferecido? Um comercial de cerveja transmitido no intervalo de um jogo de futebol com certeza atingiria o público-alvo principal, homens e mulheres que gostam de futebol e de beber cerveja. Porém, também impactaria outros que não eram potenciais consumidores, como crianças, adolescentes e adultos que não consomem a bebida e não gostam de futebol, por exemplo.

Com a evolução da tecnologia, da internet e, principalmente, com as mudanças no comportamento do consumidor, as estratégias tiveram que ser alteradas. E, podemos dizer que, foi para melhor. As empresas precisaram buscar diferentes formas de atrair e conquistar os clientes e o inbound marketing foi, com certeza, uma ótima estratégia para isso.

5.1 O que é inbound marketing?

Os conceitos de inbound marketing são oriundos dos Estados Unidos e surgiram próximo ao ano de 2010. Nessa estratégia, as empresas buscam formas de atrair o consumidor aos seus negócios através do fornecimento de conteúdo de valor. O inbound marketing também pode ser chamado de "marketing de atração". Essa associação passou a ser feita com a publicação em 2010 do livro "Inbound Marketing: seja encontrado usando o Google, a mídia social e os blogs", de Brian Halligan e Dharmesh Shah.

Porém, essa estratégia de fornecer conteúdo para atrair e auxiliar na conversão de clientes já existia há um certo tempo e talvez o caso mais famoso seja o dos guias Michelin. No final dos anos 1800, mais precisamente em 1889, os irmãos franceses André e Édouard Michelin fundaram a empresa fabricante de pneus Michelin. Em uma época em que havia poucos carros circulando na França, menos de 3 mil, foi uma grande aposta e visão de que a indústria automobilística teria um grande futuro.

Sem internet, Google, Trip Advisor ou qualquer outra ferramenta para auxiliar os motoristas no trânsito, os irmãos criaram um guia com informações úteis para os viajantes a fim de estimular as viagens, aumentando as vendas de carros e, por consequência, a de pneus. O guia continha informações úteis como mapas, dicas de como trocar o pneu, localização de postos de gasolina e uma incrível lista com lugares para se hospedar e comer durante a viagem.

Figura 5.1 - Guia Michelin

Fonte: Stock.adobe.com/Pixavril

Você percebeu que, através de um conteúdo relevante e de valor, os irmãos Michelin criaram uma estratégia para estimular as pessoas a viajarem e, com isso, necessitarem de seus produtos?

O guia Michelin se tornou tão relevante que passou a ser um best-seller no século XX e, atualmente, avalia mais de 30 mil estabelecimentos em três continentes todos os anos. Ao criar um material tão rico e com tanta informação relevante, ele se tornou uma autoridade tão importante a ponto de ser motivo de honra um restaurante ganhar uma estrela Michelin.

CURIOSIDADE

Durante as duas primeiras décadas, o guia era distribuído gratuitamente até o dia em que um dos irmãos encontrou os guias sendo utilizados como sustentação de uma bancada de trabalho e decidiu cobrar 7 francos por cada um deles.

A internet facilitou esse trabalho de aproximação entre empresa e consumidores. Os usuários são sedentos por informações que possam auxiliá-los em seus problemas do dia a dia. Com isso, o trabalho de inbound marketing se encontra com maior força no meio digital, onde a disponibilidade e o consumo de informação é enorme.

Além disso, o inbound marketing favorece a interação com os consumidores de uma marca. A partir de uma comunicação aberta e constante, marca e cliente interagem com maior facilidade. Essa comunicação propicia outro ponto muito importante para os negócios, a criação de um relacionamento de confiança, um maior engajamento e fidelização, sem interromper as pessoas durante algum momento prazeroso, e sim transmitindo a informação quando elas a necessitam.

Com a constância na produção de conteúdo, a audiência vai criando consciência sobre o negócio, produtos e serviços. A empresa ganha autoridade na área em que atua e, com isso, há uma chance maior de influenciar nas decisões de compra dos clientes. Praticamente todas as empresas utilizam ou terão que utilizar o inbound marketing. Seus conceitos podem ser aproveitados em qualquer negócio, criando conteúdos de entretenimento e utilidades que ajudam a reforçar a marca.

Uma característica interessante sobre o marketing de atração é que ele não é considerado um custo e sim um investimento na empresa. Isso é possível devido a todas as ações poderem ser mensuradas. As ferramentas digitais possuem um analytics[11], que fornecem dados como número de visualizações, cliques, contatos e conversões de uma campanha de marketing digital.

Por que investir em inbound marketing?

Em comparação ao marketing tradicional, também conhecido como outbound marketing, o inbound marketing possui inúmeras vantagens. Mas, antes de conhecê-las, vamos entender o que é outbound marketing. Nessa estratégia, a empresa vai em busca do consumidor através de anúncios em rádio, TV, jornais e revistas, panfletagens, cartazes, patrocínios de eventos e outras formas tradicionais de publicidade.

Ele também é realizado na internet como propagandas que aparecem no meio de vídeos, banners em portais de notícia, pop--ups e em e-mails em massa, por exemplo. Além do investimento nessas mídias ser maior, após o fim do período de exibição dos anúncios sua presença simplesmente desaparece, enquanto no inbound ela continua já que seus conteúdos estão na internet. Veja as principais diferenças entre os dois modelos no quadro a seguir:

Quadro 5.1 – Inbound marketing *versus* outbound marketing

Inbound marketing	Outbound marketing
Interação entre empresa e consumidor	Pouca ou nenhuma interação
Criação de relacionamento	Oferta de produto/serviço
Alto Engajamento	Baixo Engajamento
O produto ou serviço é encontrado por pessoas interessadas	O produto ou serviço é ofertado para um grande número de pessoas

Fonte: elaborada pelo autor.

---

11 Analytics se refere a um conjunto de ações para a coleta, avaliação, comparação e monitoramento de estratégias online criadas para aproximar marcas e clientes em potencial. Disponível em: https://fia.com.br/blog/digital-analytics/

Essas diferenças são ressaltadas quando são analisadas as vantagens do inbound marketing e a importância dele na estratégia da empresa. O inbound marketing é um marketing de engajamento, nele as pessoas interagem curtindo e compartilhando o conteúdo disponibilizado, isso porque:

Impacta a audiência correta

Atrair tráfego para seus canais é um dos objetivos principais quando se desenvolve estratégias de marketing digital, pois, apenas dessa forma, a audiência inicia a jornada no funil de vendas e se inicia o processo necessário para a conversão. Porém, atrair o maior número de pessoas, apesar de ser uma vantagem, não significa que todas irão consumir seus produtos e serviços. O principal é atrair uma audiência qualificada para seu site e que possa ser convertida em clientes.

Segundo pesquisa da Content Trends 2019, empresas que utilizam o inbound marketing recebem 1,3 vezes mais visitas do que as que não adotam essa estratégia. Esse número também significa que cerca de 1,3 vezes mais potenciais clientes estão sendo direcionados para o negócio, já que o inbound marketing atrai um grande número de pessoas e que, devido ao conteúdo segmentado e de qualidade, alcança o público correto.

Interação com clientes

A internet tem em sua essência encurtar distâncias, com ela é possível falar com uma pessoa do outro lado do mundo em apenas um clique. Isso também mudou o modo como as empresas se relacionam com seus clientes. Alguns anos atrás, dificilmente era possível dialogar com uma empresa, os Serviços de Atendimento ao Cliente (SAC) eram limitados e não possibilitavam muita interação. Era quase como uma caixinha de sugestões.

Mas, as opções que surgiram com a internet, como as redes sociais, possibilitaram mais que apenas escutar uma reclamação. Agora, é possível falar e ser ouvido, e o público busca cada vez mais informações sobre a empresa e seu negócio. Através dessa troca de informações, é possível identificar tendências, necessidades e o que realmente o cliente deseja. Ao compartilhar um conteúdo, sua audiência irá reagir a ele, e esses resultados o ajudarão a identificar o que dá certo e o que precisa ser melhorado.

Quebra de objeções

As seguintes frases são objeções:

◀ Desculpe, mas estou sem tempo.

◀ Vou pensar e retorno mais tarde.

◀ Não estou precisando disso no momento.

◀ Não conheço a sua empresa.

Com certeza, em algum momento, você já teve contato com algumas dessas objeções e elas são comuns no momento de concretizar uma venda com o cliente. Quebrar cada uma delas é um processo complicado, que exige paciência para pensar em bons argumentos de vendas. Porém, é possível facilitar esse processo com uma estratégia de inbound marketing que forneça conteúdo de valor ao potencial cliente no momento que ele precisa.

Ao longo do tempo, com uma oferta de informações úteis e que agregam valor ao processo de decisão, as objeções vão sendo derrubadas gradativamente. Isso acontece porque o cliente recebe as informações no tempo que ele necessita e é convencido aos poucos, sem aquela pressão e enxurrada de informações em um curto período. Assim, quando chega o momento de fazer uma oferta a esse lead, ele já está preparado com as informações que precisa e mais propenso a ser convertido, já que suas dúvidas foram solucionadas durante o processo.

Venda mais rápida

Toda a trajetória do lead pelo funil de vendas chamamos de jornada, mas não é por ter esse nome que ela deve ser longa. A

MARKETING DE PERFORMANCE

rapidez na conversão desde o contato inicial até o fechamento do negócio é o sonho de consumo de toda empresa. Afinal, quanto mais tempo demorar para converter esse lead, maior é o ciclo de vendas e o Custo de Aquisição do Cliente (CAC).

Para que essa jornada seja o mais curta possível, o inbound marketing fornece um conteúdo altamente relevante e personalizado que direcione o lead pelo funil de vendas e o prepare o quanto antes para tomar a decisão de compra.

Custos menores

A produção de conteúdo de valor possui um custo para sua realização, porém esse custo, a longo prazo, é bem menor em comparação a estratégias pagas com anúncios e links patrocinados, que necessitam de aporte de dinheiro para sua veiculação. Isso associado ao aumento da velocidade do ciclo de vendas colabora para diminuir o CAC. Ter custos menores, não significa ter um material pior, e sim usar os recursos com maior eficiência em um investimento que pode trazer mais resultados.

Essa economia de recursos ajuda a direcionar os investimentos a estratégias que tenham maior eficiência.

Acompanhar os resultados em tempo real

Dados e informações são um dos principais recursos de um negócio, sem eles não seria possível identificar tendências, descobrir necessidades, definir estratégias e colocá-las em prática. O meio digital oferece tudo o que é preciso saber, em tempo real, praticamente minuto a minuto. Acessando os dados do Analytics do Google ou das Redes Sociais, é possível saber o número de visitantes e de cliques, o alcance das publicações, qual o engajamento e qual público reagiu a determinada publicação.

Existe uma quantidade enorme de opções para a elaboração de relatórios que podem embasar cada passo a ser dado, identificando oportunidades e apontando caminhos que precisam ser corrigidos. Ter a possibilidade de, durante o processo, corrigir uma rota ou otimizar ainda mais algo que está dando certo, é um bom motivo para o uso do inbound marketing.

Aumento do ticket médio

Com o inbound marketing, cria-se e se desenvolve na audiência uma consciência sobre produtos e negócios, com o fornecimento constante de informações relevantes. Essa educação sobre a atuação da empresa traz autoridade e diferenciação dos concorrentes. Dessa maneira, sua imagem no mercado vira referência em qualidade, condição que o que o destaca dos outros que podem apenas possuir uma oferta mais barata. Tudo isso faz com que os clientes confiem mais em seu negócio e fiquem seguros para consumir mais e por um valor maior os seus produtos e serviços.

Etapas do inbound marketing

As estratégias de inbound marketing são focadas em quatro objetivos: atrair, converter, relacionar e vender. Todos os conteúdos e ações devem ser pensados e realizados a fim de alcançar esses objetivos. Vejamos agora o que significa cada um deles.

Atrair

O início de tudo é conseguir atrair a atenção da audiência. Um site sem visitas ou uma rede social sem seguidores não irá proporcionar resultados satisfatórios. Por isso, a primeira etapa do inbound marketing é a atração, e a melhor tática para conquistar esse objetivo é construir um conteúdo que seja interessante e relevante para atrair o público. Como resultado desse esforço, o público que chegará ao seu negócio será uma audiência interessada em seu conteúdo e com maior potencial de consumo.

Existem diversas ferramentas para realizar essa atração, por isso vamos apresentar as mais relevantes.

MARKETING DE PERFORMANCE

Quadro 5.2 – Ferramentas para atrair leads

Blog	É muito comum o uso do blog em estratégias de inbound marketing. Apesar de ser uma maneira simples e barata de publicar conteúdo na internet, não basta apenas postar textos aleatórios. É preciso ter um planejamento. Para que o blog traga os resultados esperados, o conteúdo deve ter qualidade e ser inspirado nas necessidades da persona e nas etapas do funil de vendas em que ela se encontra.
Redes Sociais	Dificilmente, uma pessoa em idade de consumo não possui conta em alguma das principais Redes Sociais existentes. Por isso, utilizar esses canais para interagir com a audiência é de extrema importância. Divulgar conteúdos de qualidade ajuda a atrair clientes. Caso o conteúdo seja útil para o usuário, são grandes as possibilidades de ele compartilhá-lo em suas redes. Dessa forma, sua mensagem viraliza e atinge um maior número de pessoas. Redes sociais são locais de interação entre pessoas e elas esperam por isso, assim, é importante que a marca seja humanizada, que haja alguém que represente a empresa.
SEO	Diariamente, são realizadas milhões de buscas no Google com o intuito de solucionar um problema do usuário. É essa oportunidade que deve ser aproveitada para que seu negócio seja destaque. A maneira disso acontecer é otimizando seu site e conteúdo para ser localizado pelos mecanismos de busca. Ao criar e alimentar o site, deve-se ter em mente dois principais fins: um conteúdo de qualidade que atraia potenciais clientes e uma estruturação do texto com termos e palavras-chave para que ele seja facilmente encontrado.
Links patrocinados	Anúncios pagos, apesar de serem caracterizados como parte das estratégias do outbound marketing, podem ser utilizados no inbound marketing com o objetivo de atrair a atenção da audiência e não de realizar uma oferta de venda. A segmentação de público que os anúncios online oferecem pode ser usada de forma assertiva para estimular um lead que se encontra estagnado em uma etapa do funil de vendas e fazê-lo avançar.

Fonte: elaborado pelo autor.

Converter

O lead foi atraído pelo conteúdo de qualidade oferecido e agora ele precisa avançar em sua jornada de compra. A conversão pode ser caracterizada de diferentes formas e configurada de acordo com objetivos preestabelecidos. Uma conversão pode ser o cadastro de um e-mail em uma newsletter, o clique em um anúncio que gera tráfego para o site, o download de um e-book e a própria venda. Conheça algumas formas que podem ser usadas na conversão:

Quadro 5.3 – Ferramentas para conversão

Copywriting	O copywriting é uma técnica de escrita persuasiva utilizada para realizar conversões e vendas. Em sua produção, são usados gatilhos mentais que ajudam a convencer o usuário da necessidade e qualidade de um produto ou da credibilidade de uma empresa.
Landing pages	Landing pages são páginas curtas, nas quais, normalmente, todo o conteúdo é sintetizado em apenas uma página (one page). O objetivo delas é facilitar a conversão do lead.
	Essas páginas são concebidas para direcionar o lead até ele ser convencido a avançar para a próxima etapa.
	Elas são compostas por call-to-actions para estimular o usuário a realizar uma ação; formulários, para extrair o máximo de informação possível do lead; e é comum o uso da estratégia de urgência e escassez, com chamadas como últimas unidades ou últimas horas para o fim da oferta.
Criação de ofertas	Produzir ofertas que instiguem o lead a realizar uma ação se caracteriza como uma ótima maneira de obter conversão.
	As ofertas podem ser diretas ou indiretas. Ofertas diretas são voltadas para a compra, como incentivar a pessoa a solicitar um orçamento, fazer demonstrações e oferecer testes gratuitos, por exemplo.
	Ofertas indiretas possuem o objetivo de educar ou solucionar um problema, normalmente são oferecidos conteúdos em e-books, webinars, lives exclusivas, entre outras.

Fonte: elaborado pelo autor.

Relacionar

Cada lead possui um diferente grau de consciência e está em momento diferente no processo de compra. Alguns já estão maduros e prontos para receber uma oferta, outros, porém, ainda estão com objeções e necessitam de mais tempo e informações. Por isso, é importante estabelecer estratégias para fornecer a esse usuário ainda indeciso informações que o auxiliem a avançar. Algumas delas são:

Quadro 5.4 – Ferramentas para relacionamento

E-mail marketing	O envio de informações e promoções para o e-mail do cliente constitui uma forma eficiente e barata de se relacionar com ele. Ao segmentar as campanhas, é possível identificar os interesses do lead e oferecer exatamente o que ele necessita. Os e-mails podem ser promocionais, quando é apresentada uma oferta ou um comunicado especial, ou então uma newsletter, enviada para toda a base com uma compilação de conteúdos e ofertas.
Automação de marketing	O uso da automação de marketing é uma forma de potencializar os resultados e conseguir escalar seu negócio. A geração de leads, se bem-feita, é constante e pode alcançar números elevados, sendo assim, a automação facilita o tratamento desse lead mantendo-o sempre ativo. Além do mais, ajuda no trabalho da equipe de marketing e vendas.
Lead nurturing	Lead nurturing é uma estratégia de fornecimento de conteúdo com envios programados com o intuito de amadurecer o lead e deixá-lo pronto para uma oferta. Esse conteúdo enviado é desenvolvido conforme a jornada do lead, se o último passo realizado foi o download de um e-book, é oferecido um conteúdo que complemente esse e-book, por exemplo.

Fonte: elaborado pelo autor.

Vender

Depois que o lead foi atraído, é criado um relacionamento entre empresa e consumidor. Ele passa diferentes etapas em sua jornada de compra para chegar ao destino final, que é o de gerar uma oportunidade de negócio. A finalização dessa jornada pode ocorrer no próprio site ou então, com o contato pessoal entre vendedor e cliente. Existem algumas maneiras de auxiliar nessas etapas, que são:

Quadro 5.5 – Ferramentas para vendas

Lead scoring	Essa ferramenta estabelece uma pontuação para o lead, isso ajuda a entender em que estágio ele se encontra e quais são as oportunidades de negócio, de forma a priorizá-las. Geralmente, esses leads são classificados de acordo com o perfil e interesse. Perfil consiste em identificar através dos dados coletados qual o potencial desse lead virar um cliente. Já o interesse tenta interpretar, através do comportamento do lead, em qual estágio ele se encontra na jornada de compra.
Inbound sales	O inbound sales é uma forma de vender, como o auxílio de um consultor de vendas que identifica as necessidades e objetivos do cliente e o auxilia de forma consultiva. É uma forma personalizada de venda, na qual o foco é o cliente e como suas dores podem ser resolvidas.
CRM	O CRM é uma ferramenta utilizada para fazer a gestão de clientes. Nele, são registradas todas as interações do cliente com a empresa, como contatos, pedidos, canais em que mais se relaciona, etc. Ele é utilizado pelas equipes de marketing e vendas para personalizar campanhas e atendimentos, a fim de atender as necessidades específicas de cada cliente.

Fonte: elaborado pelo autor.

5.2 Funil de vendas e inbound marketing

Uma compra não é concretizada de repente. A menos que seja um produto de necessidade básica, há todo um processo por trás que levou o cliente a adquirir um produto ou serviço. A jornada do cliente é todo esse caminho percorrido desde a descoberta da marca, os primeiros contatos via Redes Sociais, blogs, materiais impressos ou equipe de vendas, passando pelo fechamento do negócio e o pós-vendas. Essa jornada é dividida em estágios que identificam onde o cliente se encontra durante o processo. São elas:

- **Aprendizado e descoberta** – nesse momento, o potencial cliente ainda não conhece o produto e a empresa, e não sabe exatamente qual problema ele tem. É nessa fase que a empresa deve identificar as dores do cliente e buscar formas de ajudá-lo.

- **Consideração da solução** – o lead já reconhece que possui um problema e começa a buscar mais informações e soluções para resolvê-lo.

- **Decisão de compra** – após a busca de informações, o lead começa a analisá-las e definir qual será a melhor solução disponível. É nesse momento que se criam oportunidades de vendas.

- **Fidelização** – o negócio foi finalizado e finalmente o lead se tornou um cliente, agora deve-se continuar e fortalecer o relacionamento entre cliente e marca para que haja outras oportunidades de negócios no futuro.

Todos esses estágios apresentados possuem papel chave na construção do funil de vendas, porém, na jornada do cliente, estamos olhando a partir do ponto de vista do consumidor. Já no funil de vendas, temos a visão da empresa, que possui diferentes objetivos:

- **Atrair** – através de conteúdo relevante, conquistar novos potenciais clientes para seu site, blog ou outro canal utilizado.

- **Converter** – transformar esse tráfego obtido em leads, contatos que podem se tornar clientes.

- **Vender** – o lead é nutrido e convertido em um cliente, finalizando sua jornada de compra.

- **Encantar** – através de ações de relacionamento e excelência no pós-vendas, fidelizar o cliente para que ele continue fazendo negócios com a empresa.

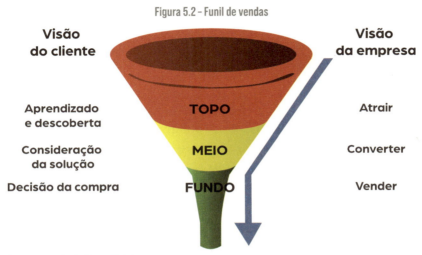

Figura 5.2 – Funil de vendas

Fonte: adaptada de Stock.adobe.com/Kaishaku

Cada etapa do funil de vendas possui uma função, de acordo com a jornada do cliente. A partir dela, são definidas estratégias de marketing que auxiliem no processo de decisão. Como podemos reparar na representação da Figura 5.2, o funil é dividido em três estágios: topo, meio e fundo de funil.

Esses estágios ajudam a definir qual conteúdo será produzido, em qual quantidade e com qual grau de consciência o cliente que irá recebê-lo possui.

No topo, encontra-se a maior parte da audiência, por isso, a maioria da produção de conteúdo deve ser direcionada a esse público.

Topo de funil

O primeiro estágio no funil de vendas é conhecido como topo de funil, é nele que acontece a atração da audiência para seu negócio. É uma etapa mais educativa e tem o objetivo de atrair o maior volume possível de potenciais clientes. No topo de funil, é onde ocorre o primeiro contato do potencial cliente com sua empresa, por isso, é nesse momento que se deve apresentar, de forma clara, uma oportunidade para resolver um problema que o cliente nem sabe que possui. Com esse primeiro interesse despertado, deve-se disponibilizar conteúdo para educar quanto às soluções do problema e fazê-lo progredir no funil de vendas.

O topo de funil é essencial para o crescimento do negócio devido ao seu potencial de atrair novos compradores com um conteúdo direcionado. Ao produzir um conteúdo para o topo do funil, o foco deve estar em assuntos mais gerais, apresentados de forma clara para quem não é da área em questão. Cada área possui termos que são únicos e apenas conhecidos por quem trabalha nela e utilizá-los como chamada dos conteúdos pode afastar potenciais clientes que não irão entender a mensagem.

Invista em conteúdos educativos e que ajudem a resolver dores. Nesse primeiro momento, não haverá a oferta de um produto ou negócio, mas sim de informações úteis sobre a área de atuação de sua empresa.

Você se lembra do exemplo do guia Michelin, no início deste capítulo? Falamos sobre a importância de criar conteúdo atraente para o público. Portanto, as artes gráficas, os textos, as chamadas, enfim, a comunicação precisa ser clara, direta e interessante. Títulos que contenham termos como: "truques para melhorar em..." ou "aprenda a fazer..." são comumente utilizados e obtêm ótimos resultados porque atraem a atenção para ler ou assistir o conteúdo.

Nas artes das publicações, deixe claro já no início sobre o que se trata. Chamada e imagem devem ser complementares e propiciar um bom resumo do que será apresentado. Uma arte que não atrai pode prejudicar o desempenho de restante do trabalho. Saiba como cada canal pode ser utilizado para que seu conteúdo de topo de funil obtenha os melhores resultados. Redes sociais, blogs, e-mails, entre outros, possuem suas particularidades e uma função na vida de cada usuário, saber o que cada um deles representa ajuda a planejar estratégias.

Quadro 5.6 – Formatos de conteúdo para Topo de Funil

Redes Sociais	As Redes Sociais são ótimas para conquistar potenciais clientes, são centenas de milhares de pessoas navegando todos os dias por elas. Porém, a principal função delas não é realizar negócios. Apesar de atualmente disponibilizarem grupos e ferramentas de vendas, o objetivo primário é conectar pessoas. Com isso, deve-se focar em estreitar relações com seus potenciais clientes por meio da oferta de informações úteis que podem ser posts, textos ou vídeos que os encaminhe para seus canais de conversão como sites ou e-commerce. Como as pessoas buscam se relacionar com outras nas redes sociais, é muito importante a humanização da marca. Ter uma cara para seu negócio no mundo virtual o torna mais real.
Posts em blogs	O blog é uma excelente ferramenta na distribuição de conteúdo para os usuários, nele é possível oferecer informação para todos os estágios do funil. Com isso, uma estratégia que envolva call-to-action nas publicações é muito eficaz, possibilitando que o usuário avance os estágios realizando uma ação. Posts com informações gerais que se relacionam ao negócio da empresa devem ser o foco de criação.
Newsletter	Empresas que possuem uma boa base de contatos podem utilizar a newsletter como estratégia para o topo do funil. Ela se constitui em um e-mail marketing com diferentes temas, que é enviada para um público geral a fim de atingir um possível cliente.
E-books	O uso de e-books para a geração de leads é extremamente eficiente, já que as pessoas dificilmente se importam em fornecer alguns dados em troca de uma informação valiosa. Para o topo de funil, deve-se investir na criação de um material introdutório que fornece uma prévia de um assunto, como por exemplo "Guia básico sobre..."

Webinars: Um webinar é um seminário transmitido pela internet, nele é apresentado o conteúdo de forma ao vivo e gravada para uma grande audiência. Assim, pode-se captar possíveis clientes. Essa ferramenta também auxilia na humanização da marca, pois há uma pessoa se comunicando em nome da empresa, gerando autoridade e credibilidade sobre o assunto.

Fonte: elaborado pelo autor.

Meio de Funil

A segunda etapa no funil de vendas contempla a persona que foi atraída pelo conteúdo oferecido como chamariz e busca mais informações para entender e resolver seu problema. Esse não é o momento de apresentar uma oferta de negócio, ainda há objeções a serem combatidas e considerações a serem feitas pelo lead. O conteúdo que agora deve ser oferecido não pode mais ser raso e superficial, o básico já é de conhecimento do lead, então é necessário um maior aprofundamento em temas e também no relacionamento entre ele e a empresa.

O meio de funil é uma relação de mão dupla, na qual quanto mais conteúdo for oferecido pela empresa mais dados e informações úteis o lead deve dar para recebê-las. Essas informações serão muito importantes para guiar o lead para os próximos passos e avançar no funil. Como nesse momento o cliente ainda não pretende comprar sua solução, é importante oferecer dados e informações que ajudem a combater as objeções que possam existir. Uma forma de fazer isso é mostrando seu conhecimento sobre a solução, quanto maior for sua autoridade no ramo maior será a confiança dele no negócio.

Essa fase é muito importante para continuar alimentando os leads e despertar o interesse deles no negócio para que não desistam no meio do caminho. Tenha em mente sempre quem é sua persona e quais são as dores dela, a solução precisa resolver esses problemas. Os conteúdos que serão oferecidos nesta fase devem propiciar uma prévia, um gosto do que o lead terá ao adquirir o produto final. Seguem alguns exemplos:

Quadro 5.7 – Formatos de conteúdo para Meio de Funil

Templates	Os templates são formas práticas de ajudar seu público. São planilhas, apresentações e modelos que auxiliam na realização de uma tarefa. O investimento de tempo e dinheiro para essa ferramenta é mínimo, pois as empresas já possuem modelos que utilizam no dia a dia e, com adaptações e instruções de uso, podem ser oferecidos ao lead.
Ferramentas e trials	As ferramentas são opções complexas e mais onerosas, utilizadas para resolver problemas mais difíceis do usuário. Mas, são ótimas para apresentar algo mais próximo do produto final e, assim, estimular a curiosidade no lead em conhecê-lo.
Checklist	Organização e planejamento são tarefas que exigem muita disciplina e, se houver algo que possa auxiliar nessas tarefas, com certeza será bem-vindo. Por isso, oferecer um checklist para ajudar o lead a realizar uma atividade específica se encaixa perfeitamente como uma estratégia de meio de funil.
Posts em blogs	Os posts em blogs devem ser usados também nesse estágio do funil de vendas. Agora, o conteúdo deve ser mais embasado e trazer informações que contribuam com a solução de um problema.
Live	O uso das redes sociais para a transmissão das lives tem se popularizado, fazendo parte do dia a dia das pessoas. Aproveitar essa ferramenta para tratar de um assunto específico, que ajude nas dores do seu lead, é uma ótima oportunidade para estreitar suas relações. Nessa estratégia, a live pode ser um conteúdo exclusivo que o usuário só teria acesso ao fornecer algumas informações para a empresa.

Fonte: elaborado pelo autor.

Fundo de Funil

No fundo do funil de vendas, o terceiro e último estágio, após o lead ter seu interesse despertado e ser educado a respeito das soluções que seu negócio oferece, é o momento de ser tomada a decisão de compra do produto ou serviço oferecido. Essa é a etapa mais curta, enquanto no topo e meio de funil o cliente pode ficar por horas ou meses sendo nutrido, no fundo do funil ele já possui sua opinião formada e já sabe que possui um problema e quais as soluções que a empresa oferece.

Nesse momento, o lead está analisando e comparando as opções de produtos e empresas, por isso necessita de um último empurrão para fazer a escolha. Para isso, os conteúdos de fundo de funil devem ser focados em venda, ressaltando as qualidades e diferenciais do produto para que seja possível a comparação com os concorrentes pelo usuário. A empresa também deve ser apresentada nos conteúdos, para que o lead se sinta confiante e seguro para a realização do negócio.

No estágio de fundo de funil, o lead deve ser conduzido para entrar em contato com a empresa e fechar o negócio, isso pode ocorrer através do contato da equipe de vendas ou da condução para um site para a compra online. O conteúdo dessa etapa possui um caráter mais específico, pois o lead já foi educado nas etapas anteriores e tem maior noção do que esperar da empresa e produto. Utilize conteúdos que reforcem a autoridade do negócio, como a divulgação de avaliações de clientes, demonstrações de uso e funcionamento dos processos da empresa. Para esse estágio, algumas ferramentas possuem maior poder de conversão de suas soluções:

Quadro 5.8 – Formatos de conteúdo para Fundo de Funil

Catálogo de produtos	Apresentar de forma organizada e completa os produtos e soluções oferecidas faz que o usuário entenda, compare e escolha a que melhor resolve seu problema.
Avaliação gratuita	Não existe melhor forma de mostrar seu conhecimento e autoridade ao lead do que oferecendo um diagnóstico que irá ajudá-lo sem nenhum custo. Essa ferramenta é muito interessante pois possibilita que o lead vivencie como seria ao escolher sua solução.
Demonstração	Oferecer ao lead a possibilidade de, por um determinado período, testar todas as soluções oferecidas e verificar se é a melhor opção para ele. Pedidos de demonstração, testes gratuitos, amostras grátis, orçamentos são alguns tipos de ferramentas que podem ser ofertadas.
Cupons de desconto, promoções, frete grátis	Utilizar ofertas que disparam gatilhos nos consumidores para que consumam os produtos que ainda estão em dúvida. Um frete gratuito pode ser a diferença entre seu produto e o de seu concorrente, o que faz o consumidor tomar a decisão final.

Fonte: elaborado pelo autor.

Aposte em inbound marketing

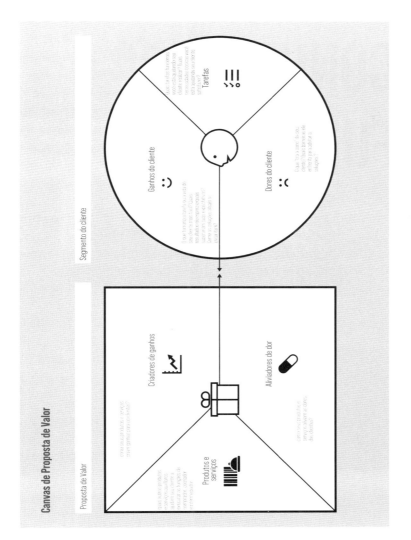

Caro leitor, você poderá escanear o QR code para acessar o Canvas Proposta de Valor, imprimir e treinar.

CONHECENDO O FUNIL DE VENDAS

6

Imagine que chegou o fim do ano, próximo ao dia 25 de dezembro e, no intervalo de um filme, aparece o comercial de um shopping com promoções para as compras de Natal. No mesmo momento, você se lembra da necessidade de comprar presentes para os familiares e decide ir até o shopping, devido à grande variedade de lojas e segmentos disponíveis. Ao chegar ao local, começa a percorrer os corredores, passando em frente às lojas, até que uma em especial chama a sua atenção com a seguinte chamada: "compre aqui presentes para toda a família e ganhe inúmeras vantagens".

Então, você opta por entrar nessa loja e uma simpática vendedora oferece ajuda e explica cada característica dos produtos, o porquê de terem qualidade superior ao dos concorrentes e como podem ser usados. Com as informações passadas pela vendedora, você seleciona alguns produtos e se direciona ao caixa. Lá, ainda um pouco hesitante, é convencido a finalizar a compra ao receber um desconto para pagamento à vista e ainda receber cashback para compras futuras.

Toda essa história foi contada com o intuito de mostrar como funciona o funil de vendas no mundo físico. Cada momento ocorrido durante a compra no shopping é uma etapa do funil de vendas. Vejamos separadamente esses momentos no quadro seguinte:

Quadro 6.1 – Funil de Vendas no mundo físico

Consciência	Descobrir a necessidade de compra ao assistir o comercial do shopping no intervalo de um filme. Atenção atraída através da chamada: "compre aqui presentes para toda a família e ganhe inúmeras vantagens".
Interesse	A vendedora auxilia passando informações relevantes do produto, características, diferenciais, utilização e motivos pelos quais eles são melhores que os dos concorrentes.
Decisão	No caixa, para concretizar a venda, é oferecido desconto para pagamento à vista.
Ação	O cliente realiza a compra e ganha cashback como um bônus.

Fonte: elaborado pelo autor.

Sem perceber, você foi direcionado pelas etapas do funil através de estratégias que atacaram suas dores e ofereceram soluções. A primeira foi oferecer a possibilidade de realizar todas as compras em apenas um local, economizando tempo e ainda recebendo vantagens. A segunda estratégia foi ter uma pessoa treinada e preparada para fornecer informações relevantes que o ajudassem no processo de decisão. E por fim, a última estratégia utilizada foi o uso de gatilhos que induzissem a compra, como a oferta de um desconto para pagamento à vista. Com a compra finalizada, foi oferecido cashback, criando assim novas oportunidades de negócio entre empresa e cliente, transformando uma compra em várias outras e iniciando um processo de fidelização.

No mundo digital, o funil funciona da mesma maneira, mudando apenas o ambiente e as ferramentas que são utilizadas para conduzir o consumidor durante a jornada de compra.

6.1 Etapas do Funil de Vendas

O funil de vendas é composto por quatro etapas: consciência, interesse, decisão e ação. Para cada uma, é necessário ter uma abordagem específica para atender as necessidades do cliente no estágio que ele se encontra.

Figura 6.1 - Etapas do Funil de Vendas

Fonte: elaborada pelo autor

Não adianta oferecer um plano de fidelidade para um consumidor que ainda não conhece o seu negócio, por isso cada mensagem deve ser cuidadosamente escolhida e pensada para fazer sentido para o cliente e ajudá-lo a evoluir na jornada de compra. Veja abaixo cada uma das etapas:

Consciência

Essa fase é um período de aprendizado e descoberta, pois, pela primeira vez, os potenciais clientes descobrem que têm um problema que precisa de solução. Essa consciência de que existe algo fora do normal e que precisa de ajuste é percebida através de ações como um post no Facebook, um vídeo no YouTube, um banner em um site, ou seja, algo que impacta uma pessoa e abre horizontes para que ela perceba algo que ainda não tinha conhecimento.

Muito raramente ocorrem vendas nessa fase, a menos que o consumidor já tenha realizado pesquisas e reconheça uma grande oportunidade, pois normalmente essa é uma fase de namoro entre cliente e empresa, a qual deve presenteá-lo com conteúdo relevante para conquistar a sua confiança e fazê-lo progredir no funil de vendas.

Como nessa fase do funil de vendas ainda não possuímos muitas informações dos potenciais clientes que chegam ao site ou a outro canal por meio de um anúncio, por exemplo, é importante disponibilizar materiais com conteúdo rico e que estimule o visitante a compartilhar seus dados.

Interesse

Após todo o conteúdo recebido na etapa de consciência, o lead já admite que possui um problema e que necessita de uma solução urgente. A fim de resolver esse problema, ele parte em busca de mais conteúdo, agora com uma abordagem mais específica que o auxilie a tomar uma decisão. Repare que agora estamos chamando o potencial cliente de lead, isso porque em algum momento na etapa de consciência ele forneceu seus dados em troca de alguma informação que considerava importante. Pode ter sido ao fazer o download de um e-book ou o cadastro em uma newsletter.

Em cada etapa, é importante sempre fornecer conteúdo em troca de algum dado, desse modo, é possível alimentar sua base de dados e identificar qual a melhor estratégia para interagir com esse lead. Em um primeiro momento, podem ser solicitados dados básicos como nome, e-mail ou número de celular. Em uma segunda interação, deve-se solicitar dados mais específicos como nome da empresa em que trabalha, cargo ou ocupação. Tudo isso serve para afinar continuamente a persona e, com isso, produzir estratégias mais eficientes.

Nessa etapa, o lead ainda pode não estar seguro em realizar a compra, ele pode estar estudando diferentes opções e ter dúvidas se o serviço ou produto é realmente o que ele precisa. Utilize as objeções para apresentar mais informações e dados, e mostrar a sua autoridade no assunto. Quanto mais conteúdo fornecer, maior é a possibilidade de obter informações e assim qualificar o lead e prepará-lo ainda mais para a venda.

Decisão

Após o processo de consciência e interesse, o lead chega à fase de decisão. Nesse momento, estamos trabalhando com um Marketing Qualified Leads (MQLs), um lead que percorreu todo o funil de vendas, foi educado e qualificado, e está pronto para receber uma oferta ou o contato de um vendedor. Esse lead qualificado já sabe qual é seu problema e a solução que ele precisa, porém ainda falta decidir qual das opções disponíveis irá selecionar.

Caso durante as etapas anteriores, com os conteúdos disponibilizados, a empresa tenha conquistado a confiança desse lead e provado sua autoridade e relevância na área, há grandes chances de ela ser a escolhida. Aqui, é possível também estimular o lead com algumas estratégias de vendas, que o ajudariam na escolha.

Caso ele esteja realizando a compra de um produto, pode ser oferecido o frete grátis. Se for um negócio, um desconto ou parcelamento diferenciado. Ao oferecer essas vantagens, deve-se levar em consideração como os concorrentes estão trabalhando e disponibilizar algo que seja mais interessante ao cliente.

Ação

Com a decisão tomada, o lead realiza a compra do produto ou a contratação do serviço, é o final do funil de vendas. Porém, essa etapa não deve ser considerada como o fim do relacionamento com o cliente e sim uma oportunidade de alimentar essa relação e gerar mais negócios.

A primeira compra já foi feita, o consumidor já conhece sua empresa e produtos, todo o investimento para a aquisição desse cliente já foi realizado. Inicia-se o processo de fidelização com o acompanhamento da entrega do produto, a realização de um pós-vendas que se importe com a experiência do cliente e possibilite a ele apresentar um feedback. Lembre-se, é muito mais barato manter um cliente do que conquistar um novo.

6.2 Como construir um Funil de Vendas

O funil de vendas não é algo que se configura naturalmente conforme o tempo passa, é necessário que seja feito um planejamento e mapeamento da jornada do usuário desde o início até finalização da compra. Veja como fazer:

Quadro 6.2 – Passo a passo para a construção de um Funil de Vendas

| Mapeamento da jornada | Para mapear a jornada, o primeiro passo é estabelecer quais são as personas, suas dores e necessidades. Com esses dados em mãos, é mais simples estabelecer os estágios dessa jornada e situar o cliente nela. |

Mapeamento da jornada	Caso já tenha uma base de clientes, o caminho é realizar questionários e pesquisas que possam identificar os objetivos, dúvidas, necessidades e razões que o levaram até o seu negócio. Para quem ainda não possui uma base de clientes, é necessário realizar pesquisas com um público potencial para identificar quais são suas necessidades, porque negociaram ou não com a sua empresa e coletar o maior número de dados possíveis para formar a sua persona.
Definição dos milestones	Milestones são marcos que os leads atingem durante a jornada de compra, são diferentes estágios dentro das etapas do funil de vendas. Ao estabelecer quais serão esses marcos, é possível segmentar os leads e oferecer a eles um conteúdo de acordo com seu amadurecimento. Por exemplo: quando o lead perceberá a necessidade de adquirir uma solução para resolver um problema? Ele conseguirá compreender isso sozinho ou precisará ser guiado? Como a empresa pode ajudá-lo a atingir esse estágio? As respostas dessas perguntas são os milestones, os marcos, que simbolizam o amadurecimento do lead.
Definição das etapas	Sabemos que o funil de vendas é composto por quatro etapas e cada uma delas representa um estágio de consciência que o lead possui em relação ao negócio. Estabelecer em qual momento o visitante torna-se um lead, o lead em uma oportunidade e essa oportunidade em cliente, é o que determina todas as estratégias de marketing. ◀ Visitantes: usuários que foram encaminhados para o site através do Google, Redes Sociais, tráfego pago ou qualquer outra forma. ◀ Lead: visitantes que em algum momento forneceram dados para a empresa em busca de mais informações. ◀ Oportunidades: leads que foram nutridos durante o processo de venda e estão qualificados e preparados para receber uma oferta. ◀ Cliente: leads que eram oportunidades e se converteram em clientes ao consumir produtos ou serviços de uma empresa.

> **Otimizar e escalar o funil de vendas**
>
> Com o funil de vendas construído e em funcionamento, deve-se pensar em alternativas para escalonar o processo e realizar cada vez mais vendas. Para que ocorra a otimização, é preciso estabelecer indicadores de desempenho, como taxa de conversão.
>
> Responder algumas perguntas simples auxiliam a verificar o desempenho do funil.
>
> - Quantos leads qualificados são necessários para que as metas de vendas sejam atingidas?
> - Para obter esses leads qualificados, quais leads normais são necessários?
> - Para obter o número de leads necessários, quantos visitantes o site deve ter?

Fonte: elaborado pelo autor.

6.3 Funil de Vendas Digital

A estrutura do funil de vendas digital é muito parecida com a do funil de vendas convencional, são quatro estágios que representam toda a jornada de compra do cliente. São elas: descoberta, pesquisa, compra e lealdade. Vamos ver cada uma delas com mais detalhes.

Descoberta

Muito parecida com a fase de consciência do funil tradicional, a descoberta consiste em saber como o visitante teve contato com a marca pela primeira vez no mundo digital. Há diversas maneiras de propiciar esse primeiro contato, uma delas é o tráfego pago. Ao investir em anúncios, é possível alcançar uma base maior de potenciais clientes, que ainda não conhecem ou não tiverem contato com seu negócio, direcioná-los para o site e, a partir disso, construir um relacionamento.

O uso de landing pages é um ótimo mecanismo para transformar esse visitante em lead. Para isso, construa uma página de captura que possua um conteúdo atrativo e que disponibilize um formulário para cadastro e recebimento de mais informações. Com isso, seu visitante se transforma em lead.

Pesquisa

O potencial cliente foi atraído para o site, blog ou rede social, e começou a consumir informações, conhecer os produtos e interagir com a marca. Nessa etapa, há uma necessidade maior de fornecer conteúdo com frequência e qualidade para manter o interesse do cliente.

Aqui, já há mais conhecimento sobre as necessidades desse lead, por isso é importante entregar algo que ele precise, sempre em troca de mais dados e informações para aperfeiçoar a estratégia. Uma boa alternativa é oferecer e-books com um conteúdo mais específico, peça para que o lead forneça mais alguns dados para ter acesso ao material.

Compra

Quando o lead adicionou produtos ao carrinho de compra em seu e-commerce ou solicitou um orçamento e abriu negociação sobre seus serviços, é sinal de que chegou o momento decisivo para a finalização da venda. Portanto, um estímulo pode ser utilizado para eliminar dúvidas e objeções que ainda possam restar.

Lives, webinars e consultorias podem e devem ser utilizados para sanar as dúvidas e quebrar objeções. Caso o seu produto seja algo que possa ser testado, ofereça um período de teste grátis. Se um carrinho foi abandonado, ofereça um cupom de desconto para próximas compras, frete grátis ou formas diferenciadas de pagamento.

Lealdade

Um cliente fiel, além de continuar negociando com sua empresa, poderá se tornar um embaixador da marca. No mundo digital, o acesso à informação é fácil e ocorre em diferentes locais. Por isso, possuir pessoas que defendem a sua marca e avaliam positivamente os produtos em fóruns virtuais e redes sociais, representa um ganho de credibilidade muito importante.

É comum que usuários da internet busquem informações com outros consumidores para conhecer suas opiniões, como foi a experiência com a marca, a qualidade dos produtos e o atendimento. Dessa maneira, tenha cuidado e atenção com o pós-venda, a experiência do consumidor não termina quando o produto é comprado. Ela se estende com a entrega, que deve ocorrer no prazo combinado; com a qualidade do produto, que deve ser a prometida nas etapas anteriores; com a possibilidade de interação e receptividade de feedbacks, inclusive negativos, e com a solução das demandas pertinentes.

Lembre-se, seu cliente pode se tornar o principal promotor da sua marca, mas uma péssima experiência também o leva a ser um detrator dela. Em 2020, o número de reclamações feitas no site Reclame AQUI, a respeito do atraso em entregas, aumentou 84,6% em relação a 2019. Para o fundador, Maurício Vargas, que analisava os números do instituto, o volume de reclamações em relação a atrasos na entrega cresceu porque as vendas foram maiores também. "E as promessas de tempo de entrega diminuíram. Muitas empresas prometendo entregar mercadorias no mesmo dia, e às vezes dava certo e outras não, e o consumidor brasileiro é implacável nisso. E o aumento das vendas, na pandemia, foi de 40%, então com certeza os atrasos também seguiram nesse ritmo".

6.4 Vendedor Virtual

Com um funil de vendas estruturado e cada engrenagem trabalhando perfeitamente, o número de visitantes e leads tende a aumentar exponencialmente, tornando o trabalho muitas vezes difícil de ser administrado apenas por pessoas. Surge então, a necessidade de transformar o seu funil de vendas em um vendedor virtual, com processos automatizados que auxiliem e agilizem os processos.

Você precisa saber: quantos negócios foram fechados, quantos clientes novos a empresa conquistou, quais oportunidades de venda são promissoras e se algum cliente foi perdido. Por haver tantos dados em cada etapa do funil, torna-se difícil acompanhá--los sem um sistema que forneça as informações de forma fácil de ser acessada e simples de ser compreendida. Controles manuais e avulsos não contribuem, a informação fica concentrada em poucas pessoas e de forma complexa. Com isso, oportunidades podem ser perdidas sem que você perceba.

Disponibilizar conteúdo para um número enorme de contatos, considerando seu estágio no funil de vendas, exige bastante da equipe de marketing. Então, automatizar esse processo com rotinas e tarefas definidas de acordo com estágios atingidos pelo lead, agiliza os atendimentos, mantém o lead sempre nutrido e interessado no negócio.

Percebendo-se que a automação é imprescindível deve-se priorizar as etapas que o funil de vendas, como um vendedor virtual, deve obedecer para alcançar os resultados almejados.

Partes do Funil de Vendas Digital

Ao estabelecer o funil de vendas como seu vendedor virtual, as etapas apresentadas a seguir devem ser cuidadosamente contempladas para obter sucesso.

Nutrição do cliente

Fornecer informações ao seu cliente é a base para a criação de um relacionamento duradouro e de confiança entre ele e a sua empresa. Através de uma constância na disponibilização dos conteúdos, o lead vai amadurecendo até estar pronto para a compra. A nutrição de leads é uma forma automatizada de enviar uma sequência de conteúdo para um contato, conteúdos esses que sejam ligados aos que o usuário em algum momento demonstrou interesse. O objetivo é preparar o lead para avançar nas etapas do funil de vendas.

Figura 6.2 – Estratégia automatizada de e-mail marketing

| Artigos sobre assunto x | 1 dia | E-book sobre assunto x | 3 dias | Webinar sobre assunto x | 5 dias | Avaliação gratuita sobre assunto x |

Fonte: elaborada pelo autor.

Na figura 6.2, temos um exemplo de estratégia automatizada de nutrição de lead. Nele, um visitante, após visualizar um artigo no site da empresa, disponibiliza seus dados de contato para ter acesso a mais informações. Nesse momento, o vendedor virtual entra em ação e inicia a estratégia de nutrição do lead com o disparo de e-mails marketing previamente programados e que tenham relevância com o assunto que estimulou a interação do visitante.

Em um primeiro e-mail, é enviado mais artigos similares ao que deu início à interação entre lead e empresa. Após um dia, um novo e-mail é enviado com a oferta de download de um e-book sobre o mesmo tema. Caso o lead acesse esse e-book, após três dias é disparado um novo e-mail com o convite para que o lead assista a um material sobre o tema. Novamente, caso haja interação do lead, após cinco dias, é oferecida uma oportunidade de avaliação gratuita de um serviço atrelado ao assunto que iniciou todo o processo.

Com essa nutrição automatizada, o lead só é abordado pelo vendedor quando ele já se encontra pronto para receber uma oferta, após percorrer todas as etapas que o educaram. Assim, aumenta-se a chance de conversão em venda. Para criar uma estratégia que gere resultados, deve-se seguir as seguintes regras:

Quadro 6.3 – Estratégia de nutrição do lead

Planejamento — Para construir sua estratégia, é necessário ter um planejamento com objetivos bem definidos. Estabeleça metas realistas e com prazos viáveis, como por exemplo gerar x conversões em trinta dias.

É essencial nesse momento, estabelecer o que é um lead preparado para receber uma oferta e em qual momento isso deve ocorrer.

Construa uma base de leads	Capturar dados através de formulários, landing pages, redes sociais ou qualquer outra ferramenta é o princípio da construção de sua base de leads. Concentre-se em informações que são úteis para o seu negócio, questionários muito extensos ou com solicitações de informações muito específicas podem assustar o lead e fazê-lo desistir de fornecer os dados.
Segmentação dos leads	Para a segmentação, deve-se obedecer aos critérios que serão utilizados para o processo de nutrição. É possível segmentar por posição no funil de vendas, por características como idade e sexo, ou ainda por região onde mora. De acordo com a estratégia utilizada e o produto oferecido, faz-se a segmentação.
Conteúdo relevante	A nutrição do lead consiste em fornecer o maior número de informação para que ele seja educado no processo. Para isso, a produção de conteúdo relevante é um dos pontos principais. Cada material elaborado deve ser pensado de maneira a evoluir o desenvolvimento do lead, sendo um o complemento do outro.
Defina a linha do tempo	A principal regra aqui é ter equilíbrio. Ninguém gosta de ser bombardeado por conteúdo, porém um grande espaçamento entre os envios pode causar perda de interesse. Tome como base a média de tempo que demora o seu processo de vendas, por exemplo, se todo o ciclo for de quinze dias, estabeleça sua linha do tempo em dez dias e espace os materiais durante esse período.
Mensure os resultados	Ao final do ciclo de nutrição, analise os resultados e identifique os erros e acertos para que consiga melhorar o seu desempenho. Mesmo em processos consolidados, essa análise deve ser feita periodicamente.

Fonte: elaborado pelo autor.

Jornada de compra

A jornada de compra é um modelo usado para localizar o estágio comercial no qual o consumidor está em relação ao seu negócio. Ao monitorar os hábitos de busca e consumo, é possível identificar esse estágio e fornecer informações para que os desejos e necessidades do potencial cliente sejam atendidos. Uma jornada de compras é composta por quatro etapas: aprendizado e descoberta, reconhecimento, consideração e decisão.

MARKETING DE PERFORMANCE

Quadro 6.4 – Etapas da jornada de compra

Aprendizado e descoberta	Nesse momento, o consumidor ainda não sabe que possui uma necessidade, mas inicia um processo de aprendizado e descoberta ao buscar informações sobre algum tema. Imagine, por exemplo, que você possua um pequeno comércio e que, constantemente, tenha a necessidade de renovar seu estoque. Então, você procura na internet maneiras de facilitar essa tarefa e encontra diversos resultados, pagos e orgânicos, que fornecem conteúdos que podem auxiliar no seu trabalho.
Reconhecimento	Nesta etapa, o consumidor já entende que possui um problema e é necessário estimular nele o sentimento de que precisa de uma solução. Imagine como seria útil receber uma planilha que ajudasse você a organizar seu estoque ou participar de uma live sobre dicas para otimizar esse processo? Essas são formas de abordar o consumidor.
Consideração	É natural que todo consumidor faça comparações antes da escolha final. Nesse momento, é importante que sua oferta seja uma boa solução para o cliente. Essa é a hora em que a empresa apresenta a você um software de gestão de estoques para ser utilizado em seu negócio, por exemplo.
Decisão	O consumidor está com sua decisão praticamente tomada, com base em todas as informações que adquiriu, e necessita apenas de um último empurrão para escolher a melhor solução. No momento de escolha do software de gestão de estoques, uma das empresas pesquisadas ofereceu a você um teste grátis para utilizar a ferramenta com todos seus recursos, o que fez com que você tivesse seguro para escolhê-la.

Fonte: elaborado pelo autor.

Ao analisar todas essas etapas, não deixamos de compará-las ao funil de vendas. Porém, são ferramentas diferentes e, ao mesmo tempo, complementares. A jornada de compra é o caminho que o consumidor percorre para adquirir um produto ou serviço, enquanto o funil de vendas está relacionado a estratégias elaboradas para acompanhar a trajetória do cliente durante esse processo.

Poder de persuasão

Por que alguém escolhe comprar de sua empresa e não do concorrente? Preço, qualidade, vantagens, responsabilidades e muitos outros aspectos podem ser listados. Mas, no fim, o principal fator é a persuasão. Para que as pessoas reconheçam todas as qualidades e vantagens que seu produto e negócio possuem, você precisa convencê-las disso. Convencê-las de que seu produto tem maior desempenho, que seu preço é o mais baixo e que elas precisam entrar em contato com o setor de vendas para saber mais sobre suas soluções.

A persuasão, então, pode ser considerada como uma ferramenta de vendas que ajuda o consumidor a tomar uma decisão. No marketing digital, ela é constantemente usada não apenas no fechamento de negócios, mas em diferentes etapas do processo de vendas. Desde o primeiro contato, você deve convencer o cliente a não desistir e a continuar em sua jornada de compra. Existem algumas técnicas que devem ser aplicadas para persuadir seus clientes:

1. **Reciprocidade** – o ato de oferecer algum benefício ao cliente, como um conteúdo especial, um desconto e condições diferenciadas de pagamento, gera valor para a pessoa. Com essa atitude, aumentam-se as possibilidades de ela receber suas propostas devido à gratidão que tem pelo seu negócio.

2. **Prova social** – números são ótimos indicadores de desempenho e contribuem para aumentar a credibilidade do seu negócio. Apresentar o número de clientes atendidos, produtos vendidos e soluções implantadas, mostra aos clientes que a empresa é confiável, que entrega o que promete devido a já ter sido escolhida por outras pessoas.

3. **Afeição** – ganhar a afeição do cliente facilita o relacionamento entre vendedor e cliente. Entendê-lo, observar suas necessidades e focar em ganhar sua atenção aumenta a confiança entre ambas as partes.

4. **Compromisso** – quando o cliente firma um compromisso com a empresa, pequeno que seja, ele será coerente com suas escolhas. Ao se cadastrar para participar de um webinar, ele firma um compromisso com sua empresa. A partir dessa interação, a possibilidade de

consumir algum produto aumenta devido à coerência que as pessoas tendem a manter.

5. **Autoridade** – possuir autoridade é um dos requisitos para poder influenciar as pessoas e impactar consciente ou inconscientemente ações e decisões de terceiros. Autoridade é algo conquistado com o tempo, através da produção e distribuição de um conteúdo altamente relevante para a audiência.

6. **Escassez** – oferta por tempo limitado! Últimas unidades! Só hoje! Essas são algumas formas de despertar gatilhos em nosso cérebro e nos influenciar a realizar ações muito mais baseadas na emoção, no medo de perder uma oportunidade, do que na razão. Essa estratégia é nomeada de escassez, uma forma de estimular o cliente a comprar pelo medo de não conseguir as mesmas condições no futuro. Seja idôneo e verdadeiro quando for utilizar deste gatilho. Seu uso não pode ser indiscriminado, irresponsável e muito menos mentiroso. Por exemplo, jamais anuncie que o estoque está esgotando, quando ainda existem muitos produtos. Isso afetará diretamente a reputação da sua marca, produto ou serviço.

Estratégia, campanha e e-mail marketing

Estratégias de marketing são um conjunto de ações planejadas, executadas e mensuradas com objetivos claros. Elas são desenvolvidas a partir da identificação de demandas e necessidades do mercado e público-alvo. A função de criar uma estratégia de marketing para um negócio está relacionada à definição e ao planejamento de ações, diminuindo os imprevistos, preparando-se para situações que possam surgir no decorrer do tempo e impedindo que decisões erradas sejam tomadas, causando prejuízos à organização.

Tudo que é planejado custa menos. Ao estipular uma estratégia, há maior controle de gastos e diminuição da possibilidade de tomar decisões por impulso, gastando de forma desnecessária.

Com a constante medição de resultados das estratégias de marketing, é possível identificar gargalos no processo e, assim, atacar as imperfeições com desenvolvimento.

As campanhas surgem com as estratégias de marketing, através da identificação das necessidades do público são desenvolvidas uma sequência de ações, que compartilham o mesmo conceito, a fim de alcançar um determinado objetivo. Elas podem acontecer para promover a marca de uma empresa, o lançamento de um produto, um serviço e gerar uma aproximação entre as soluções e a audiência.

As campanhas são veiculadas em diferentes canais, online e offline, como forma de atingir o maior número de pessoas. Porém, isso não é uma regra, um público pode estar mais presente no mundo digital e, dessa forma, o uso de sites, redes sociais e outras ferramentas são mais relevantes do que anunciar em um jornal, por exemplo.

As organizações produzem campanhas não apenas para vender produtos ou serviços. Diferentes objetivos podem ser traçados para uma campanha, como:

Fortalecimento de marca

Você com certeza já ouviu o ditado: "Quem não é visto não é lembrado". Toda marca necessita se comunicar constantemente com seu público para gerar status e referência em seu meio, sendo assim, são geradas campanhas para manter a marca ativa na cabeça do público-alvo.

Lançar produtos

É o motivo mais comum para a criação de campanhas de marketing. O lançamento de produtos possui um foco específico: chamar a atenção do público-alvo. Geralmente, envolve um custo elevado e uma grande abrangência, mas as campanhas não terminam assim que passa o período de lançamento. Elas são mantidas, porém, em menor tamanho.

Estreitar o relacionamento com seu público

Toda campanha de marketing tem o objetivo de estreitar e manter o relacionamento com a audiência. Como forma de manter seu público engajado e ativo, são realizadas campanhas de ativação de marca para manter a presença da imagem da organização mesmo quando não é o momento de consumo.

Dentro das campanhas, existem diferentes ações que podem ser realizadas para impactar o público-alvo, sendo o meio digital uma das principais, devido ao baixo custo e grande alcance. Marketing de conteúdo, links patrocinados, redes sociais e e-mail marketing são algumas das ferramentas que podem ser utilizadas. O grande destaque é o e-mail marketing por possibilitar contato direto com o público.

Praticamente todas as pessoas que acessam a internet possuem uma conta de e-mail, funciona quase como o RG na internet. Para acessar uma rede social, entrar em um fórum ou usar os recursos personalizados de um portal, uma das primeiras informações que precisam ser fornecidas é o endereço de e-mail. Ele é sua caixa de correio, tudo o que chega nele é direcionado a você, transformando-se em uma das formas de comunicação mais íntimas no meio virtual. Essa proximidade possibilita uma abordagem mais específica e direcionada.

No momento que uma organização envia um e-mail personalizado a um cliente, ela demonstra a importância que esse cliente tem para ela. Pessoas gostam de se sentirem importantes e queridas, e essas ações estreitam o relacionamento entre clientes e marcas. Então, e-mails marketing são estratégias de envio de e-mails para uma lista de contatos com o objetivo de gerar uma comunicação entre empresa e marca, e cumprir alguns objetivos de marketing como estreitar relacionamento, nutrir leads e gerar negócios.

Com os e-mails marketing, é possível chegar à pessoa certa, na hora certa e com a informação que ela precisa. Por ser um canal próprio da empresa, possui alto retorno de investimento (ROI), pois é usado um canal próprio da empresa (o e-mail) e uma lista de contatos ativos que possam gerar negócios.

O alcance de uma campanha de e-mail marketing é altamente previsível, todos os contatos selecionados para receber o material, irão recebê-lo, a menos que haja problemas técnicos. Porém, uma campanha realizada em uma rede social, por exemplo, pode não alcançar todo o público-alvo, pois existe o algoritmo dessas redes que define o que cada usuário irá visualizar de acordo com a relevância da publicação.

E-mails marketing podem ser usados para estreitar relacionamentos devido a sua comunicação direta com o cliente. Com ele, é possível promover conteúdos avisando que um novo post no blog ou na rede social foi realizado; nutrir e educar seus leads com o envio de materiais adicionais, que tratem de um tema que ele já interagiu em algum dos seus canais; vender seus produtos e serviços através de materiais que contenham ofertas ou descontos, e também fazer o pós-venda com o envio de pesquisas de satisfação.

Escolher qual tipo de e-mail marketing será usado em sua estratégia, contribui para alcançar os objetivos traçados. Conheça os formatos mais comuns:

Quadro 6.5 – Tipos de e-mail marketing

Newsletter	Um dos formatos mais tradicionais de e-mail marketing, é o envio periódico (diário, semanal ou mensal) com informações relevantes, promoções, links e demais conteúdos que possam interessar o usuário e mantê-lo ativo com a marca.
Avisos de atualizações	São avisos que os contatos recebem quando há alguma atualização em um blog ou em outra mídia onde é publicado conteúdo. Muitos usuários gostam do conteúdo e não desejam perder nenhuma novidade. A Netflix envia um aviso aos usuários sobre quando uma novidade será lançada, por exemplo.
E-mails promocionais	Com conteúdo repleto de ofertas, preços de produtos e descontos, possuem por natureza uma abordagem mais comercial. A intenção é vender.
E-mails editoriais	Com o intuito de fortalecer a imagem da marca ou se posicionar em relação a alguma situação específica, são e-mails que trazem o ponto de vista da organização e, em sua maioria, assinados pelos donos do negócio.

E-mails transacionais	Confirmação de recebimento ou de cadastro são exemplos de conteúdo dos e-mails transacionais. Eles têm como objetivo documentar um processo ou ação e sugerir uma nova interação.
Fluxos de nutrição	Criar um fluxo de nutrição por e-mail é realizar o envio automatizado de mensagens para o contato em um determinado período, com conteúdo que o ajude a evoluir no processo de compra.
Pesquisa	O contato direto com os consumidores deve ser aproveitado como um momento de conhecer melhor o seu público. O envio de e-mails com pesquisa possibilita a coleta de dados, que pode ser realizada em uma pesquisa de satisfação.

Fonte: elaborado pelo autor.

Captação do lead, nutrição e engajamento

Sem os leads não é possível realizar nenhuma estratégia que seja convertida em vendas e, assim, o negócio não evoluirá. Por isso, um dos focos deve ser como captar esses leads. É preciso entender que é muito difícil vender para quem apenas entrou em contato com a marca. Em um primeiro contato, o consumidor sabe muito pouco ou quase nada sobre a solução e dificilmente estará pronto para comprar.

Dessa forma, gerar leads serve para inserir os potenciais clientes no funil de vendas para que sejam nutridos e preparados para negociar com a empresa. Felizmente, o marketing digital oferece diferentes formas para que essa captação ocorra, pode ser por tráfego orgânico ou pago, redes sociais e outros canais. O mais importante é conhecer o que pode auxiliar nessa captação:

◀ **Landing page**

Páginas de captura criadas com o intuito de converter o visitante em lead.

◀ **Formulários**

São ferramentas de aquisição de dados do lead, nas quais são solicitados nome, e-mail e outras informações que sejam importantes naquele momento para o negócio.

Oferta

São prêmios que o visitante irá receber ao fornecer seus dados, pode ser mais conteúdo, uma planilha ou acesso a um material exclusivo. É importante que seja algo relevante e que motive o cadastro.

CTA (call to action)

Chamadas para ação claras e objetivas que indiquem ao usuário o que deve fazer. "Clique aqui", "Faça o download" e "Compre agora" são alguns exemplos de CTAs.

Ao captar esses leads, inicia-se o processo de construir um relacionamento entre marca e consumidor através do envio de informações constantes e relevantes que guiem o amadurecimento e o faça progredir no funil de vendas. Também conhecido como lead nurturing, as ações planejadas pela equipe de marketing buscam aumentar o engajamento dos leads mostrando que a marca tem como objetivo ajudá-los a resolverem problemas, ganhar a sua confiança e, quando eles estiverem preparados, encaminhá-los à equipe de vendas para receber uma oferta.

Deve-se nutrir os leads para que eles evoluam nas etapas do funil de vendas, sendo acompanhados e orientados em suas decisões. A jornada de compra é composta por vários caminhos e apenas um leva à conversão, existem outros como desistir, esquecer e conhecer outras soluções que podem impedir a conversão desejada. Com a nutrição do lead, mantém-se a atenção dele na sua marca, oferecendo conteúdo de valor. Se, em algum momento, esse interesse diminuir, é possível restaurá-lo com o envio de um e-mail pontual.

Durante esse tempo de relacionamento entre marca e consumidor, é criada a confiança necessária para que o cliente se sinta confortável em negociar. Com essa confiança estabelecida, dificilmente ele migrará para o concorrente. Após todo o processo de nutrição, o lead chega ao funil de vendas mais preparado e pronto para receber a oferta, com isso a possibilidade de conversão aumenta consideravelmente.

CRIAÇÃO DE CONTEÚDO DE QUALIDADE

Todos os dias, por todos os lados, nós somos bombardeados pela informação e pelo conteúdo. Em cada Aplicativo, Rede Social, *Site* ou *Blog* acessados são inúmeros os conteúdos que foram criados e planejados para atenderem à demanda ou à dor do usuário, de modo a prender-lhe à atenção para que continue interagindo com aquela determinada página.

As pessoas passam cerca de 1/3 do ano conectadas dentro de uma média de uso da Internet de 6 horas e 43 minutos por dia; sendo que metade desse tempo é gasta através dos dispositivos móveis.

A seguir, um quadro que contém os principais números da Internet em 2020.

Quadro 7.1 – Dados da Internet em 2020

3,8 milhões de buscas, por minuto, são realizadas no Google.
4,5 milhões de vídeos são assistidos, por minuto, no YouTube.
390 milhões de downloads de *Apps* são realizados, a cada minuto, na Apple Store e no Google Play.
87 mil pessoas "tuitam" por minuto.
1 milhão de *logins* são feitos, por minuto, no Facebook.
41,6 milhões de mensagens são enviadas, por minutos, através do Messenger ou do WhatsApp.
347 mil *stories* são postadas no Instagram, por minuto.

Fonte: Ari Alan/Visual Capitalist.

Nós conseguimos, através destes dados, perceber que há milhões de possibilidades que o usuário pode escolher para passar seu tempo enquanto está conectado.

Mas, o quê, realmente, faz com que esse usuário pare de navegar e consuma um ou outro conteúdo fornecido?

A resposta é fácil! É a qualidade.

Vamos fazer uma analogia com a Netflix. Existem inúmeros programas, filmes, documentários, assim como inúmeras séries, além de outros produtos audiovisuais disponíveis nessa plataforma, cujos objetivos são: atender a um segmento e a um público-alvo.

Mas, o que há em comum entre todos eles?

É a busca pela qualidade, pois é ela que faz com que o usuário continue conectado à plataforma e consuma os produtos oferecidos.

Se os filmes e as séries fossem ruins, com péssimos textos, ou seja, sem sentido e fora de um padrão mínimo de qualidade, dificilmente as pessoas continuariam a assisti-los, mas, consequentemente, pagariam pelo serviço.

CURIOSIDADE
Quase metade das pessoas espera que um *Site* carregue em até 2 segundos ou menos.

Então, o caminho deverá ser o investimento em altas cifras para produzir um conteúdo cinematográfico que apresente os produtos e os serviços?

Não! Não é necessário que haja um investimento astronômico para obter-se o retorno; mas, sim, você deverá investir na qualidade do conteúdo que oferecerá aos seus potenciais clientes.

Um visitante pode chegar ao seu *Site* ou Página de Conversão pelas diversas maneiras, por exemplo: tráfego pago; contudo, ao desembarcar em sua Página, se ele não encontrar nada que o mantenha interessado em seu negócio irá abandoná-lo e, dificilmente, voltará. Por isso, investir em criação de conteúdo de qualidade é relevante para seu cliente, é uma excelente forma de mantê-lo ligado ao negócio dele e disponível para o recebimento de mais e mais informações, até que chegue o momento de realizá-lo.

O conteúdo desenvolvido poderá ser entregue aos clientes mediante diversas maneiras; portanto, você deverá ter uma plataforma própria, porque é importante que não dependa de nenhum serviço de terceiro, para que o seu conteúdo esteja sempre disponível.

7.1 Planeje um *Site* com Foco em Conversão

Em tempos em que as Redes Sociais estão em destaque parece ser desnecessário possuir um *Site* para seu negócio, no entanto, ele ainda é a forma mais simples de encontrar um negócio na Internet.

Sabendo disso, planejar um *Site*, através do qual o foco deva ser atrair, manter e converter os visitantes em clientes, é otimizá-lo pensando no usuário aliado a um conteúdo de qualidade, que obterá os resultados esperados.

Otimizar o *Site* significa criar uma experiência memorável para o usuário que o visita, de modo que ele seja direcionado a realizar as ações planejadas em sua Estratégia de Marketing.

Aumentar a velocidade de carregamento, criar conteúdo relevante, testar o engajamento do seu usuário, assim como muitas outras formas de otimização, são estratégias que podem ser utilizadas para melhorarem os resultados do seu *Site*.

Otimize o *site* para um carregamento rápido

Uma das principais características da Internet é o acesso rápido, quase instantâneo, à informação. É muito frustrante quando do há uma demora fora da habitual para o carregamento de um *Site*, e isso poderá causar uma péssima impressão, mesmo que ele possua uma informação que seja útil.

O carregamento demorado de um *Site* poderá ocasionar que seu visitante abandone sua página e vá buscar a informação na página de seu concorrente, afinal o tempo é um dos ativos mais importante que temos.

Sendo assim, opte por um *design* para seu *Site*, que seja bonito, mas também que seja útil e proporcione uma experiência de navegação rápida e fácil de usá-lo.

Detalhe importante! Um *Site* lento fará com que seu ranqueamento em Mecanismos de Busca, por exemplo, o Google, seja prejudicado, pois se os usuários abandonarem a sessão rapidamente, então o algoritmo entenderá que há algum problema, por isso passará a indicar outras opções.

Crie uma experiência de conteúdo

Experiência de Conteúdo é proporcionar ao seu visitante as informações que o ajudem a tomar decisões. Conforme já percebemos, existem diferentes tipos de conteúdo, com diferentes objetivos, por exemplo: atrair, envolver e converter.

Sabemos que a produção de conteúdo envolve: tempo, dedicação e muito planejamento, até o momento da publicação. A frustração poderá ser enorme caso sua publicação não obtenha o desempenho conforme aquilo que se esperava.

A criação do conteúdo adequado ao público a ser atingido deverá associar-se às técnicas que otimizem os resultados e que o ajude a converter. Use títulos que resumem o conteúdo da publicação, pois a atenção deverá ser captada já nos primeiros momentos. Não adianta "esconder o ouro", porque, nesse caso, o visitante não terá paciência para encontrá-lo.

Divida seu conteúdo em tópicos, isso tornará a leitura menos cansativa e, também, facilitará a navegação através do conteúdo. Muitos usuários não desejam lê-lo inteiramente, mas, apenas, a parte que é importante para eles.

Adicione *links* internos aos seus textos, que direcionam o usuário para outros conteúdos que você disponibiliza, isso lhe atribuirá autoridade e apresentará todo seu conhecimento.

Possibilite ao seu visitante as formas de compartilhamento do seu conteúdo facilmente. *Links* para: Facebook, Instagram, WhatsApp, além de outras Redes, facilitam o compartilhamento e, com isso, a vitalização da sua mensagem.

Teste o engajamento do usuário

O comportamento do usuário afeta diretamente as conversões de um *Site*, então, descobrir as preferências dele ajuda a melhorar esse processo.

Um teste A/B, por exemplo, poderá auxiliar você a descobrir qual é o tipo de conteúdo mais bem recebido por seu público-alvo.

SAIBA MAIS

Teste A/B consiste na realização de uma experiência na qual existem duas versões de uma determinada página ou de determinado conteúdo à atual e, outra, com modificações, cujo objetivo é saber qual obterá os melhores resultados.

Vamos supor que a equipe de Marketing está em dúvidas sobre se deve ou não adicionar o nome do produto ao título de uma página de conversão e, por isso, fez duas alternativas como forma de verificar qual delas teria melhor *performance*.

Descobriu-se, após um tempo de validação, que o uso do nome do produto junto do título trouxe um resultado 50% maior que a opção sem o nome do produto, pois determinou maior clareza ao texto.

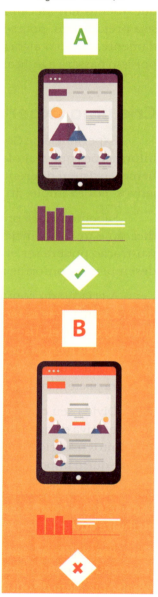

Figura 7.1 – Teste A/B

Fonte: Stock.adobe.com/lisenok94144

Os testes A/B podem ser realizados em:

a. Textos;

b. Títulos;

c. *Call to action*;

d. Formulários;

e. No próprio *layout* da página.

O objetivo, sempre, é validar qual é o melhor caminho para converter o visitante.

Defina os objetivos e os *calls to action* do *site*

Todo *Site* que possui o objetivo de gerar conversões necessita que seus *Call to Actions* sejam alinhados com essa diretriz. E, tão importante quanto isso, é expor claramente essas duas circunstâncias aos seus visitantes.

Novamente "o tempo é fiel na balança". Se o visitante demorar muito para entender qual é o seu negócio e, também, como deve se relacionar com ele, irá abandonar a sessão e procurar uma nova alternativa.

Entenda que os objetivos do *Site são as suas metas e os Call to Actions são as maneiras que permitirão a você atingi-las.*

Entregue o que promete e o que seu público quer

A melhor maneira de reter seu público é fornecendo-lhe mais conteúdos que os desejados. Para um visitante tornar-se um seguidor deverá sentir a necessidade daquele conteúdo. Caso, em algum momento, essa necessidade acabe, então, muito provavelmente ele deixará de segui-lo.

Com um conteúdo relevante, consequentemente o engajamento do público com sua página aumentará, portanto, o resultado disso é um melhor ranqueamento nos mecanismos de busca.

Dessa maneira, entregar o que se promete é bastante importante, porque os conteúdos que não refletem aquilo que foi anunciado podem ocasionar perdas: de credibilidade ou de relevância.

Isso influenciará em seu engajamento, já que os visitantes não irão considerar seu conteúdo como sendo de valor para que seja compartilhado.

Use palavras-chave integradas ao conteúdo

Os usos das palavras-chave são muito comuns em Mecanismos de Buscas, por exemplo, o Google; é a maneira que o Buscador utiliza para identificar aquilo que o usuário está pesquisando e apresentar resultados relevantes.

Integrando-se essas palavras-chave ao seu conteúdo em: títulos, subtítulos e no próprio texto, elas ajudarão o algoritmo a identificar seu conteúdo e a apresentá-lo ao usuário. Mas, não basta, apenas, escrever palavras sem que haja um planejamento e uma pesquisa.

Um bom desempenho das palavras-chave consiste em entender quais são as dúvidas do usuário, assim como em qual etapa ele se encontra no funil de vendas.

Como sabemos, a consciência do potencial cliente no topo do funil é diferente da consciência daquele que está no meio do funil, portanto serão diferentes os termos que estes clientes irão pesquisar.

É importante entender! Quanto mais palavras o usuário utilizar na busca mais delimitadas ficarão as possibilidades de resultados. Exemplos: as pesquisas A e B.

a. "**Marketing de *Performance***": nessas pesquisas aparecerão grandes números de resultados e, também, diversas opções.

Criação de conteúdo de qualidade

b. "**Como fazer Marketing de *Performance* em um Escritório de Contabilidade**": nessa pesquisa as opções de resultados diminuirão, contudo estarão muito mais focadas sob a real necessidade de quem está realizando a busca.

A pesquisa que contém vários termos chama-se: Palavras-chave de Cauda Longa; ela é uma maneira de classificar os usuários que realizam buscas, pois, ao pesquisarem por algo mais específico, nichado, eles estarão mais perto de tomarem decisões que um usuário que busca por termos comuns.

Figura 7.2 – Palavras-chave de Cauda Longa

Fonte: elaborada pelo autor.

7.2 Gere um conteúdo de valor

Conteúdo, conteúdo e conteúdo! Repetimos por várias vezes essas palavras quando falamos sobre Marketing Digital.

Mas, gerar conteúdos é mais que reproduzir algo à sua audiência, eles têm de ser úteis e relevantes para seu público. Existem dois tipos de Conteúdos:

a. Conteúdo normal;

b. Conteúdo de valor.

O Conteúdo Normal é uma informação que não gera um conhecimento, por exemplo: uma mensagem motivacional. Ela não ensina ou transmite algo novo.

O Conteúdo de Valor é algo que transmite um conhecimento, ensina ou resolve um problema que a audiência possui. Não há a necessidade de que ele ensine coisas complexas, porque qualquer tipo de ensino é válido, desde que seja relevante ao seu público.

Caso seu nicho seja o da Gastronomia, compartilhar frases motivacionais não irá ajudar você a engajar-se ao seu público, mas quando você começar a dividir as informações úteis, tais como: "Dicas e receitas sobre como preparar corretamente um prato", irá ensinar algo a seu público e engajá-lo.

O primeiro passo inicial à geração de um conteúdo ao seu público é descobrir:

a. Quem são eles?

b. De que eles necessitam?

Novamente retomamos à definição da *persona* analisada no Capítulo 2. Os conteúdos devem ser embasados em toda a pesquisa, assim como em dados coletados para formarem sua *persona*.

As Redes Sociais funcionam como uma ótima via para você conhecer melhor seu público-alvo, portanto, ao prestar atenção aos comentários, às perguntas e às interações de seus seguidores é possível que identifique as dores ou as necessidades deles e possa criar conteúdos que os ajudem com essas demandas.

A análise voltada aos concorrentes também funciona muito bem à captação das informações, pois as dúvidas que o público dos seus concorrentes possui podem ajudá-lo a produzir conteúdo que capte essa audiência.

É necessário estar em diferentes locais e saber captar as informações que são importantes. Fóruns, grupos de mensagem, comunidades de nicho de mercado, enfim, todos esses locais são relevantes fontes de informações.

As palavras-chave também podem ser utilizadas para que você descubra quais são os assuntos em alta e quais são as necessidades atuais do público. O Google disponibiliza uma ferramenta chamada *Google Trends,* que oferece um panorama das palavras-chave, além dos usos delas em toda Rede. Através dela é possível que você saiba se o termo que pretende utilizar é relevante para a sua audiência.

A própria pesquisa do Google já funciona como um termômetro, pois as palavras mais procuradas são apresentadas primeiramente entre as sugestões.

Figura 7.3 – Pesquisa no Google

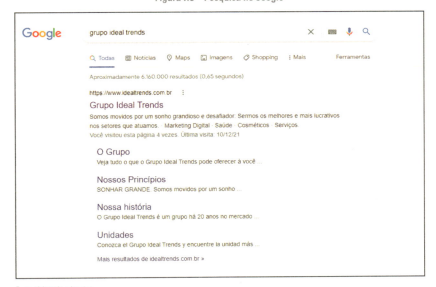

Fonte: elaborada pelo autor.

Conhecendo-se quais são as necessidades e quais são os desejos de sua audiência, aliados às tendências de pesquisa que os mecanismos apresentam, é possível "pôr a mão na massa" e começar a criar conteúdo.

A busca pela autenticidade e pela originalidade deve ser constante, pois copiar seu concorrente não irá ajudá-lo a obter uma *performance* melhor, apenas será: "mais do mesmo".

Inove a forma de entregar seu conteúdo, envolva sua audiência com chamadas atrativas, *layouts* que sejam impactantes, que chamem à atenção e transformem isso em uma experiência inesquecível.

Torne-se referência para seu Segmento de Mercado, conquiste sua autoridade através de um posicionamento forte e embasado em conhecimento. Para ensinar é necessário estudar. Quanto mais conhecimento você tiver, mais conhecimento poderá repassar à sua audiência.

Essa autoridade após conquistada tornar-se-á referência em seu segmento, seu público, seus concorrentes, assim, os parceiros consumirão e acreditarão no conteúdo que você entrega; com isso, aumentará sua relevância.

Toda a experiência gerada por seu conteúdo também gerará uma dependência à audiência, que demandará mais e mais conteúdo similar.

A constância deve ser mantida, sempre prezando pela qualidade e pela utilidade do conteúdo, pois quanto mais postagens realizar, mais aumentarão o engajamento e a confiança em seu negócio. Estipule uma sequência e um padrão. Caso não consiga postar diariamente, faça isso a cada 2 ou 3 dias, mas mantenha a frequência para acostumar a audiência.

Por mais que o conteúdo seja extremamente valioso, as publicações esporádicas dificilmente causam algum efeito.

Para você criar uma frequência diante das publicações, o conceito de Linha Editorial poderá ser usado, pois ele é similar ao conceito utilizado em revistas e jornais.

Categorizando-se os conteúdos do segmento do qual seu negócio faz parte, em temas e submetas, e estipulando-se qual é a frequência da fala sobre cada um deles, cria-se um Planejamento de Publicações.

Atente-se para que cada tema corresponda a uma dor de sua audiência. Então, aproveite a oportunidade para apresentar soluções.

Pensando-se no Ramo Automobilístico, poder-se-ia obter diferentes temas, tais como: manutenção de veículos, dicas de conservação, teste de *performance*, dentre outros temas que poderiam ser abordados e que seriam relevantes ao público.

É importante salientar-se que não existe fórmula mágica para encontrar o caminho correto à geração de um conteúdo de valor que agradará seu público, pois tudo é um processo de crescimento, erro e acerto, ao qual todos os dados devem ser mensurados e analisados.

Porém, existem formatos que são mais efetivos ao conversar com sua audiência, são eles:

Quadro 7.2 – Formatos para disponibilizar um Conteúdo de Valor

Blog Posts	O *Blog* é sua plataforma pessoal e independente voltada a divulgar seu conteúdo, além de ser algo que influencia positivamente o posicionamento do *Site* nos Mecanismos de Busca
Redes Sociais	As Redes Sociais são extremamente importantes na distribuição dos conteúdos de valor. Suas diferentes possibilidades de interação com as postagens únicas, os carrosséis, as *stories* e os vídeos abrem um grande horizonte de opções para experimentar os formatos e o alcance dessas publicações.
Infográficos	Infográficos são conteúdos cuja função explicativa é apresentada através de informações verbais ou visuais, com o intuito de transmitir informações de forma fácil. Muito popular entre as marcas, um Infográfico possui grande potencial de viralização e expansão do alcance de seu conteúdo para fora de sua base.
Estudos de Casos	Estudo de caso é uma ferramenta interessante para apresentar e reforçar a autoridade da marca. Através dele é possível apresentar um *case* de sucesso real, explicando detalhadamente o problema e as soluções oferecidas.

| **Vídeos** | Existe uma grande tendência no aumento do consumo de conteúdo em vídeo por parte do público, pois é uma forma mais humana e real de relação entre a marca e os consumidores. São inúmeras as possibilidades que podem ser experimentadas, por exemplo: tutoriais em vídeo, *lives*, *webinars*, testes comparativos, comerciais, entre outros. |
| | Apesar de parecer difícil e de a produção ser cara, atualmente é possível que se realizem ótimas produções apenas através do celular. |

Fonte: elaborado pelo autor.

7.3 Tenha um *Blog*

Os *Blogs* surgiram junto à Internet na década de 1990. No início, o objetivo deles era servir como um diário *online* através do qual as pessoas publicavam as experiências diárias delas, os assuntos gerais ou os textos, de modo que os leitores poderiam interagir com elas através de comentários.

A partir do ano 2000, as empresas perceberam uma mudança voltada ao comportamento dos consumidores, que começaram a ter papéis ativos no processo de compra ao buscarem e disponibilizarem opiniões sobre produtos e serviços antes de realizarem as compras.

Atentas a essa movimentação, as empresas também criaram *Blogs*, com as intenções de disponibilizarem suas informações, então, começaram a distribuir conteúdos próprios.

Atualmente, diante de tantos canais através dos quais é possível disporem-se conteúdos, por exemplo: as diferentes Redes Sociais de Compartilhamento de imagens, vídeos ou textos, por que ainda é importante ter-se um *Blog*?

Essa dúvida, tão comum, pode ser respondida da seguinte maneira: Visibilidade para seu negócio ou visibilidade para sua imagem pessoal.

O *Blog* é uma página da *Web*, maioria das vezes, integrada ao *Site Institucional*, ao qual se disponibilizam diferentes conteúdos em formato de: texto, áudio, vídeo e imagem.

Através dele é possível informar, tirar dúvidas e entreter seu público-alvo, ao mesmo tempo que ganha autoridade, em seu ramo, e confiança do seu cliente.

O fato de a plataforma ser sua e, por isso, não depender de um serviço terceirizado, é um grande motivo para que você tenha um *Blog*. Seu conteúdo está preservado, então, sempre disponível ao seu cliente ou novo visitante, que poderá encontrá-lo através dos Buscadores.

Para os *Sites* de Buscas, por exemplo: o Google; também é muito importante que se tenha um *Blog*, pois, através do conteúdo publicado é possível trabalhar seu SEO, e também o uso das palavras-chave que o auxiliem na melhoria do seu ranqueamento nos resultados de pesquisa.

O *Blog* é uma das principais ferramentas utilizadas quando falamos de Marketing Digital, ele é utilizado para atrair, engajar, converter e, principalmente, gerar vendas.

Conheça alguns motivos para ter um *Blog*:

a. **Autoridade**

Todos os conteúdos produzidos sobre seus segmentos de mercado, produtos e serviços apresentam o conhecimento que você possui, porque geram autoridade para seu negócio.

Utilizar o *Blog* como plataforma de divulgação desse conteúdo e obter retorno através dos comentários e das menções demonstrará a relevância do seu conteúdo. Tudo isso gerará credibilidade e transmitirá confiança ao seu cliente para que ele negocie com sua empresa.

b. **Posicionamento nos mecanismos de busca**

O Google utiliza o Sistema de Indexação de Páginas para gerar os resultados de busca às pesquisas. Basicamente os robôs do Google rastreiam as páginas disponíveis em toda a Rede e criam uma cópia nos Servidores do Google, com isso, elas podem ser exibidas nos resultados das pesquisas.

Sendo assim, quanto mais conteúdo é produzido e disponibilizado nos *Blogs* mais páginas são criadas, consequentemente mais relevante seu *Site* se tornará para os Mecanismos de Busca.

Mas, atenção! Esse é apenas um dos fatores que influenciam o ranqueamento do Google entre os demais, por exemplo: Conteúdo de Qualidade.

c. **Baixo investimento inicial**

O *Blog já é um item obrigatório à criação de um Site* e, caso seu negócio ainda não possua um, é possível utilizar ferramentas gratuitas para publicar e divulgar seus conteúdos.

Caso ainda não possua fundos de investimentos à contratação de um profissional que alimente o *Blog* isso não é um problema, pois as ferramentas são intuitivas, de fácil uso e gerenciamento, assim, possibilitam que todos possam utilizá-las.

Para a divulgação poderão ser utilizadas as Redes Sociais com os compartilhamentos de *links* que encaminham os seguidores aos conteúdos publicados.

d. **Educar a audiência**

A possibilidade de educar e mudar a consciência do seu público quanto aos seus produtos e serviços é um dos principais diferenciais para que se tenha um *Blog*. Através dele é possível existir a divulgação sobre a importância de suas soluções a toda a sua audiência sem ter a necessidade de mencioná-la. Ao falar sobre temas que pertencem ao seu segmento de atuação e apresentar como seus produtos e serviços resolvem as dores de seu público, gradativamente esse público será educado e entenderá que o seu caminho é a solução para os problemas dele.

Conheça alguns tipos de *Posts* que podem ser usados em um *Blog*:

Quadro 7.3 – Tipos de *Posts* para *Blog*

Post Educativo	*Posts* com conteúdos educativos que ajudem o visitante na resolução de um problema ou frente à uma necessidade dele. Esses *Posts* não são focados em vender mais, mas em educar sua audiência para que ela entenda que possui um problema e que você pode ser o portador da solução.
Tutoriais	Um passo a passo sobre como fazer ou realizar uma ação. Esses *Posts* devem ser os mais ricos possíveis em detalhes. Indica-se suas produções em vídeos. Pense, sempre, na experiência do usuário, pois as pessoas possuem alguns medos quanto às novidades, então um *Post* que explica sobre como um produto funciona, assim como sobre a utilidade dele, pode ser muito relevante no processo de venda.
Listas	– "As sete melhores formas de fazer marketing!" – "5 dicas para quem quer anunciar na internet!" – "3 motivos para fazer o curso X!" Essas são postagens que obtêm ótimos resultados porque despertam a curiosidade do público
Estudos de Casos/ Depoimentos	Ao apresentar como uma solução beneficiou um cliente há um ganho considerável de sua credibilidade. Mas, isso deve ser feito sempre através da perspectiva do cliente, pois um depoimento em vídeo ou um agradecimento por e-mail ajudam a trazer peso à mensagem.

Fonte: elaborado pelo autor

e. **Facilitar a venda**

O *Blog* ajuda a direcionar os potenciais clientes pelo funil de vendas. Como sabemos, cada cliente possui uma consciência e está em uma etapa diferente no funil.

Sendo assim, com conteúdos direcionados a cada um desses públicos consegue-se acelerar o processo e guiá--los por todas as etapas até a conversão final na venda.

Esse amadurecimento acontece entre diferentes tempos para cada cliente. Alguns são mais rápidos e outros mais lentos, porém, a importância, nesse caso, é que se tenha um fluxo constante de informação que possa manter os clientes sempre atraídos pelo seu negócio. É nisso que o *Blog* representa uma importante arma, pois, através dele é possível que se disponibilizem quantos conteúdos forem possíveis por dia.

f. **Resultados permanentes**

A constância é um ingrediente importante quando se trata de Marketing de Conteúdo, pois assim se mantém o *lead* sempre interessado em seu negócio. Mas, às vezes, poderão ocorrer contratempos ou problemas que impeçam essa frequência.

Diferente dos anúncios pagos que, após o fim de suas veiculações não entregam mais resultados, os *Blogs*, mesmo após um tempo sem contar com novas postagens, continuam gerando resultados.

Mesmo frente ao abandono, o *Blog* continuará "no ar" e indexado aos Mecanismos de Busca, por exemplo, o Google. Sendo assim, ainda serão opções de resultados nas pesquisas realizadas.

g. **Interatividade**

Os *Blogs* possuem em suas estruturas espaços para os leitores exporem as idéias deles através dos comentários.

Essa conversa, em seu espaço, irá ajudá-lo a estreitar o relacionamento com os seus clientes, assim, você ouvirá e prestará atenção às ideias e às opiniões deles.

Essa troca entre empresa e cliente pode ser muito produtiva em diversos aspectos, desde entender o que seu cliente deseja até obter ideias às novas publicações.

Caro leitor, para reflexão:

Para que efetuar teste A/B?

_____

_____

_____

_____

Por que ter um Blog?

_____

_____

_____

_____

Quais tipos de post inserir no blog?

_____

_____

_____

_____

COMO DIVULGAR UM *SITE* PARA ATRAIR VISITANTES E CLIENTES

8

Toda a estratégia de *Marketing online* inicia-se com a captação dos visitantes para seu *Site*. Sem ele não há como realizar qualquer ação que possa futuramente converter-se numa venda.

Entenda que sua presença no mundo *online não se limita a criar um Site* e esperar os visitantes aparecerem, isso é apenas "o começo da caminhada..."

O tráfego sem estímulo será baixo, senão inexistente, e poderá trazer-lhe frustração diante dos números que encontrará.

Gerar esse tráfego é um trabalho que não pode ser protelado, quanto antes ele for iniciado mais cedo você começará a perceber os resultados.

Para isso há diferentes formas de trazer o Tráfego de Visitantes, assim como trazer os potenciais clientes, para sua Página da *Internet*.

O Tráfego Orgânico, com um *SEO* bem trabalhado, firma o posicionamento nas Páginas de Busca para que seja o melhor possível, além do uso de *Blog*s e do conteúdo em Mídias Sociais.

Caso a necessidade seja atrair esse novo visitante para o seu *Site,* então o Tráfego Pago é o caminho mais indicado, porém, ele contém um custo, mas os resultados obtidos com os anúncios em Redes Sociais, tais como: *Facebook* e *Instagram;* e outras plataformas, tais como: *Google;* certamente serão satisfatórios.

Conhecer as diferentes estratégias, suas peculiaridades, em quais ocasiões cada uma se encaixa e proporciona melhores resultados, é muito importante para a seleção do caminho correto.

Em muitos momentos poderão ocorrer diferentes estratégias que captam os visitantes, ao mesmo tempo ou uma complementando a outra.

8.1 Tráfego Orgânico

Gerar visitas para um *Site* sem investir em anúncios pagos é a meta da maioria das empresas que atuam no mundo *online*.

Os resultados obtidos através do Tráfego Orgânico podem ser mais lentos, porém, certamente serão mais duradouros.

Relembrando, o Tráfego Orgânico relaciona-se aos visitantes que chegam até o seu *Site* de maneira espontânea, ou seja, sem o auxílio dos anúncios pagos para a captação.

É importante ressaltar, também, que o Tráfego Orgânico não significa que não há nenhum custo. Apesar de não haver investimento na mídia paga, investe-se em estratégias, por exemplo: geração de conteúdo; e, para isso, necessita-se do capital humano e intelectual.

SEO – Search Engine Optimization

Com certeza, uma de suas perguntas que lhe ocorreu quando começou a pensar em Estratégias de *Marketing Digital* foi:

— Como aparecer nos primeiros resultados do *Google*?

E, isso, é um fator muito importante, pois quem aparece primeiramente na Página de Pesquisa têm mais chances de "ser clicado". Aproximadamente 67% dos *clicks* acontecem entre os primeiros cinco resultados orgânicos que aparecem, pois, do sexto ao décimo resultado, a possibilidade de "ser clicado" é menos de 4%.

Para que você consiga alcançar essas posições de destaque é necessário que invista em formas de otimização das Páginas de seu *Site* com o *SEO*.

Sabemos que as buscas no *Google* são realizadas aos milhares, porque todos os dias há usuários buscando respostas às questões que lhes interessam. Desde questionamentos básicos até os mais complexos possuem suas respostas nas Páginas apresentadas nos resultados da plataforma.

Para que isso seja possível, o *Google* organiza e categoriza os conteúdos em um *ranking* em que as melhores respostas são ofertadas entre as primeiras posições.

Dessa maneira, cada pesquisa é uma possibilidade para que sua marca ofereça a melhor resposta aos usuários, ganhando maior visibilidade e "cliques" através do Tráfego Orgânico.

Mas, como convencer o *Google* que a sua resposta é a melhor e, portanto, deve aparecer nas primeiras colocações da *SERP*1 ?

Para isso, é necessário que exista um conjunto de fatores que contarão com ótimos conteúdos, um *Site* amigável e uma excelente usabilidade para os visitantes, assim como autoridade no mercado, proporcionando fácil leitura de Página pelo *Google*.

Primeiramente, vamos entender como funcionam os motores de busca, que são o Sistema formado por uma série de algoritmos que rastreia, indexa e ranqueia os conteúdos, a fim de exibi-los de forma ordenada nas pesquisas realizadas pelo usuário.

Basicamente, esses motores de buscas, por exemplo, os que estejam vinculados ao *Google*, funcionam em três etapas, conforme quado 8.1:

Quadro 8.1 – Etapas dos motores de buscas

Crawling	Nessa primeira etapa os buscadores varrem os conteúdos da *WEB* rastreando cada um deles. Esse processo é realizado por robôs que seguem os caminhos apontados nos *links* buscando novas Páginas e atualizações.
Indexação	A segunda etapa é incorporar essas Páginas rastreadas ao Índice do Buscador, como se fosse uma grande biblioteca. Elas são organizadas de acordo com as informações que os robôs coletaram durante o rastreamento, tais como: o tempo de carregamento da Página e as principais palavras-chave.
Ranqueamento	A terceira etapa acontece todas as vezes que um usuário realiza uma pesquisa. Conforme a palavra-chave utilizada, o *Google* procura em toda sua biblioteca os conteúdos que possam ser relevantes à pergunta feita. Nesse momento faz-se a classificação, que é definida pela melhor correspondência de conteúdo à palavra-chave, junto de outros fatores que fazem parte do algoritmo de busca.

Fonte: elaborado pelo autor.

A terceira fase é a mais importante, pois se trata do Ranqueamento realizado pelo Algoritmo, que define em qual posição sua Página será alocada frente aos resultados da pesquisa. Estima-se que o *Google* utilize mais de duzentos fatores diferentes para definir o Ranqueamento.

Não se sabe, ao certo, quais são esses fatores, pois o *Google* não os divulga; contudo, através dos estudos identificou-se que eles dividem-se em dois grupos: *on page* e *off page*.

Quadro 8.2 – Fatores de ranqueamento

On page	Os fatores *On Page* são os que pertencem à Página e à sua estrutura, por exemplo: a. Conteúdo; b. Título e Meta descrição; c. *Heading Tags;* d. Imagens; e. *URLs;* f. *Rich Snippets.*
Off Page	*Off Pages* são elementos externos que atribuem referência à sua Página, por exemplo: a. Quantidade de *backlinks;* b. Diversidade de *backlinks;* c. Contexto dos *backlinks;* d. Menções à marca; e. Sinais Sociais; f. Buscas Diretas. g. São esses os fatores que atribuem autoridade à Página.

Fonte: elaborado pelo autor.

O *SEO On Page* são fatores que o administrador da Página pode gerenciar ou otimizar para uma melhor experiência do usuário e, também, para a leitura do mecanismo de busca, enquanto o *SEO Off Page* não possui um controle total de otimização, pois as menções realizadas na sua Página são realizadas por terceiros; porém, é possível criar formas de melhoria das suas possibilidades através do conteúdo rico que o torne referência usando estratégias para melhorar seus *backlinks*.

Blog

Durante a corrida pela atenção do usuário é necessário, em algum momento, oferecer mais do que apenas um anúncio contendo informações sobre suas soluções. É necessário ofertar mais conteúdos que eduquem, expliquem e ensinem seu visitante.

Os *Blog*s funcionam como uma ferramenta que ajuda a empresa a ganhar autoridade através de seus conteúdos e melhorar seus resultados nos mecanismos de busca, além de auxiliar na conversão.

O Blog não se diferencia de um Site para o algoritmo do *Google*, pois a Página em si é lida da mesma maneira, porém, no *Blog há uma liberdade maior dada à publicação de conteúdos que o Site* talvez não permita.

E essa publicação de conteúdos é o ponto principal na importância do *Blog* para atrair novos visitantes, porque a Indexação e o Ranqueamento das Páginas no *Google* realizam-se através do conteúdo e da importância dele para responder a pergunta do usuário.

Se sua Página não tiver um conteúdo que responda a pergunta do usuário, o *Google* não o apresentará nos resultados, por isso seu negócio não se tornará uma opção.

Aproveitar todo o potencial do *Blog* é a chave do sucesso, pois nele é possível publicar: textos, imagens, infográficos, vídeos, áudios e outros formatos.

Encontrando o formato ideal associado à resolução dos problemas de seus visitantes, as chances de o *Google* privilegiar seu conteúdo são maiores. Diferente dos *Sites* nos quais o conteúdo é focado apenas em apresentar a solução, o *Blog* possibilita o relacionamento com "as dores" do seu segmento, então, mostrarão que você possui as respostas.

Conteúdos nas mídias sociais

Oficialmente as Redes Sociais não influenciam sobre os resultados exibidos nas Páginas de pesquisa do *Google,* enquanto no *Bing*, outro buscador *online*, elas possuem certa influência nos resultados que serão exibidos.

Porém, apesar de não influenciarem diretamente, elas não podem ser de maneira alguma renegadas. A presença de seu negócio nas Redes Sociais facilita a interação e o engajamento do público, além do enorme potencial de compartilhamento de conteúdo que elas proporcionam.

Toda vez que um conteúdo de valor é criado e publicado nas Redes Sociais, a audiência é estimulada a replicar esse conteúdo com sua marca, isso aumenta seu alcance e dá visibilidade para seu negócio, assim, poderá levar mais visitantes ao seu endereço na *WEB*.

Além disso, quanto mais pessoas obtiverem acesso ao seu conteúdo maior será a possibilidade de recebimento de *links* externos para sua Página, portanto, um fator importante para a otimização do *SEO*.

Atualmente, os usuários das Redes Sociais também se utilizam delas como motores de busca, porque realizam pesquisas dentro da própria Rede, sobre assuntos diversos.

Com o uso de *hashtags* (#) é possível realizar a pesquisa como se utilizassem palavras-chave, proporcionando ao usuário o encontro daquilo que ele necessita com maior facilidade.

8.2 Tráfego pago

A necessidade de aceleração dos resultados direciona os recursos para o uso do Tráfego Pago, pois com a contratação de anúncios pagos é possível levar os visitantes à Página de destino, que poderá ser o seu *Site*.

MARKETING DE PERFORMANCE

Essa estratégia fornece resultados mais rápidos e previsíveis que o Tráfego Orgânico, uma vez que durante a elaboração da campanha já é possível uma estimação dos resultados, de acordo com a segmentação utilizada no anúncio.

São inúmeros os canais através dos quais é possível fazerem-se anúncios pagos no mundo *online*, sendo os mais famosos: *Google Ads* e *Facebook Ads*.

Facebook Ads

O *Facebook Ads é a plataforma de anúncios do Facebook* e, com ela, é possível veicular anúncios no *Instagram* ou no próprio *Facebook*.

Através do *Facebook Ads* é possível realizarmos ações de Tráfego Pago Simples, como o impulsionamento de publicações, ou mais complexas, realizadas através do Gerenciador de Anúncios.

Para que uma publicação no *Facebook* impulsione-se siga as etapas relacionadas a seguir:

1. Clicar no botão "Impulsionar", situado no canto esquerdo inferior da sua postagem.

Figura 8.1 – Impulsionamento de Postagem

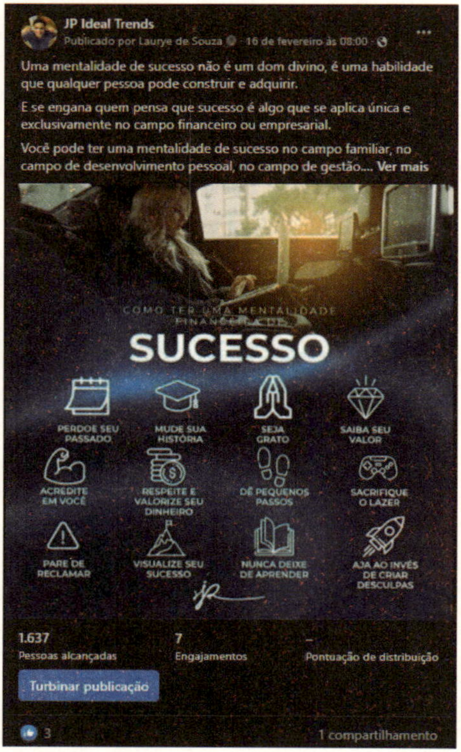

Fonte: https://www.facebook.com/josepaulogit

2. Selecione os detalhes do anúncio:

   a. Público – selecione qual será o público impactado pelo seu anúncio. É possível escolher entre um público recomendado ou criar um novo público com características específicas, por exemplo: sexo, idade, localização ou preferências.

   b. Orçamento total – defina o orçamento que será utilizado nesta campanha.

   c. Duração – determine qual será o intervalo de tempo que essa postagem será impulsionada.

   d. Forma de pagamento – defina qual será a forma de pagamento através da veiculação dos anúncios. No

Brasil o *Facebook* aceita cartões de crédito, *PayPal*, boleto bancário e Mercado Pago.

3. Após seu anúncio ser configurado, basta clicar no botão "Turbinar", assim, ele passará automaticamente à veiculação.

Para anunciantes mais experientes existe o Gerenciador de Anúncios, nele é possível criar, gerenciar e acompanhar o desempenho dos anúncios, assim como as campanhas no próprio *Facebook*, no *Instagram*, no *Messenger* e *Audience Network*.

Nos anúncios criados através do Gerenciador de Anúncios é possível escolher:

a. O objetivo de *Marketing* (tráfego, alcance, conversão, entre outros);

b. As pessoas que desejam visualizar seu anúncio;

c. Os locais onde ele será exibido; e

d. Qual é o formato (imagem, vídeo, carrossel, etc.).

Através dessa ferramenta, também é possível gerenciar múltiplos anúncios de uma única vez, podendo-se alterar: público, orçamento, posicionamento, além de fazer cópias.

Uma grande vantagem do Gerenciador de Anúncios é o acesso aos dados de desempenho dos anúncios, através dele é possível que a conta seja analisada com uma visão geral ou em nível mais detalhado, selecionando-se as métricas que se considerem importantes.

Instagram Ads

O *Instagram*, igualmente ao *Facebook*, possui uma maneira fácil e rápida de criar anúncios na Página inicial, através do botão "Promover uma Publicação"; porém, para que essa função esteja habilitada sua conta deverá ser: Empresarial ou Produtor de Conteúdo.

1. Primeiro é necessário que você selecione a publicação que deseja promover e clique no botão "Turbinar" que fica no canto inferior direito da imagem.
2. Após, selecione um dos objetivos indicados:
    a. Mais visitas ao perfil;
    b. Mais acessos ao *Site;* ou
    c. Mais mensagens.
3. Defina os detalhes, tais como: segmentação de público, orçamento e o tempo de duração da campanha.
4. Por fim, clique em "Criar Anúncio", assim, a promoção será estabelecida para avaliação. Após ser revisada, a promoção será veiculada.

Figura 8.2 – Anúncio no *Instagram*

Fonte: elaborada pelo autor.

Além do botão "Turbinar" também é possível que se façam anúncios com imagens, vídeos e, também, nas *Stories* do *Instagram*. Para isso deve-se utilizar o "Gerenciador de Anúncios", como no *Facebook*. O primeiro passo é adicionar sua conta do *Instagram* ao Gerenciador de Negócios do *Facebook* ou, então, conectá-la à Página da empresa no *Facebook*.

Quadro 8.3 – Como anunciar através do "Gerenciador de Anúncios"

Adicionar uma conta do *Instagram* ao Gerenciador de Negócios	Adicionar uma conta do *Instagram* a uma Página Comercial do *Facebook*
Acesse o Gerenciador de Negócios.	Vá até sua Página do *Facebook*.
No lado esquerdo da Página, clique em "Configurações do Negócio > Contas do *Instagram*".	Clique em "Configurações" no canto superior direito da sua Página.

Adicionar uma conta do *Instagram* ao Gerenciador de Negócios	Adicionar uma conta do *Instagram* a uma Página Comercial do *Facebook*
Clique em "Reivindicar nova conta do *Instagram*".	Clique em "Anúncios do *Instagram*".
Adicione seu nome de usuário e senha e clique em "Avançar".	Para adicionar uma conta do *Instagram* existente à sua Página, clique em "Adicionar uma Conta".
Para autorizar uma ou mais contas de anúncios usando a Conta do *Instagram*, marque a caixa ao lado de cada uma e clique em "Salvar Alterações".	Insira o nome de usuário e a senha da sua conta do *Instagram* e clique em "Confirmar".

Fonte: elaborado pelo autor.

Com a conta do *Instagram* conectada a uma das opções, os próximos passos serão os mesmos vistos para anunciar no *Facebook*, apenas com um detalhe: Quando você estiver configurando o anúncio na seção "Posicionamento" é necessário marcar as opções: "*Instagram*" e "Selecionar" – se o objetivo for anunciar no *Feed* ou nas *Stories*.

Figura 8.3 – Selecionar Plataformas

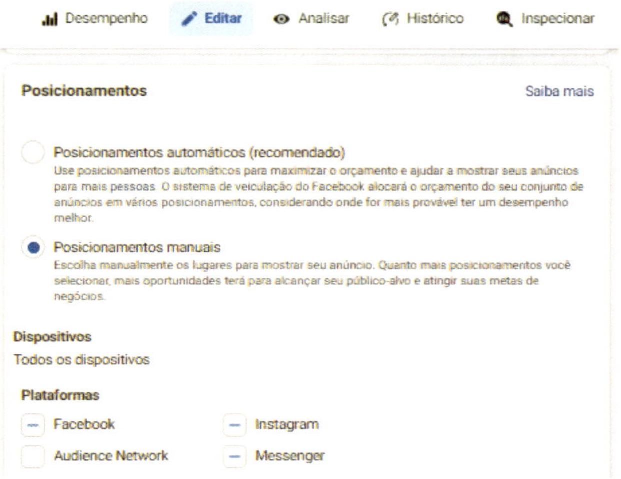

Fonte: elaborada pelo autor.

Google Ads

O *Google é o maior portal de buscas da Internet* e, com isso, é indiscutível que se deve marcar presença neste canal. Existe a maneira Orgânica, ou seja, através dos resultados de pesquisas que necessitam de um bom trabalho de *SEO* e há, também, a possibilidade de estar bem-posicionado nas principais Páginas através dos anúncios patrocinados no *Google Ads*.

Veja a seguir como começar a anunciar no *Google Ads*:

1. O primeiro passo é ter uma conta no *Google* e acessar o endereço: https://ads.google.com/intl/pt-BR_br/home/.

2. Preencher os dados referentes à sua conta de anúncios, por exemplo: tipo de conta, dados pessoais e do seu negócio, e definir a forma de pagamento.

3. Com os primeiros passos finalizados já é possível iniciar a criação de uma campanha clicando no botão (+) sobre o círculo azul.

Figura 8.4 – Criando uma campanha no *Google Ads*

Fonte: elaborada pelo autor.

4. Defina a meta da campanha, ou seja, qual é seu objetivo diante dela (vendas, *leads* ou tráfego).

Figura 8.5 – Definindo as Metas da Campanha

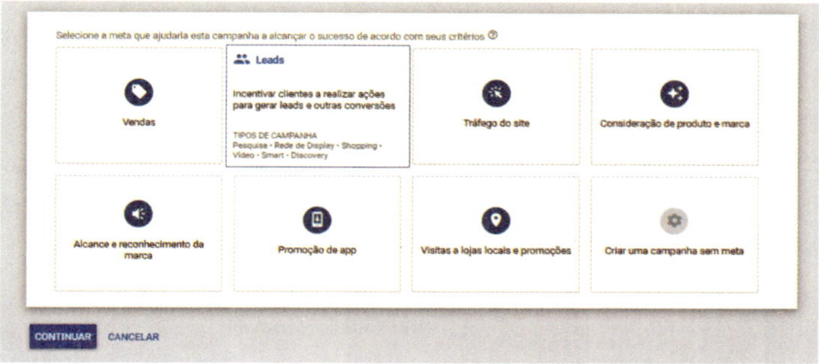

Fonte: elaborada pelo autor.

5. Em seguida, selecione o tipo de campanha que deseja realizar. É possível escolher entre: Campanha em Rede de Pesquisa, Rede de *Display*, *Shopping*, Vídeo, *Smart* e *Discovery*.

Figura 8.6 – Escolha o Tipo de Campanha

Fonte: elaborada pelo autor.

6. Após, escolha qual a forma com que o objetivo será atingido, dentre as opções oferecidas pelo *Google Ads*:
    a. Visitas ao *Site*.
    b. Ligações telefônicas.
    c. Visitas à loja.
    d. *Downloads* do aplicativo.

e. Envio do formulário de *lead*.

Figura 8.7– Definindo Como os Objetivos Serão Alcançados

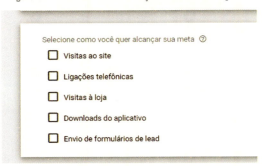

Fonte: elaborada pelo autor.

De acordo com a opção selecionada deve-se inserir a *url* do *Site* ou, por exemplo, o número do telefone para receber as ligações.

7. O próximo passo é nomear a sua campanha e selecionar onde ela será veiculada: "Rede de Pesquisa ou Rede de *Display*".
8. Defina seu público-alvo escolhendo: local, idioma e interesses do seu público-alvo.
9. Em seguida, defina o orçamento da campanha ao selecionar qual será o valor gasto diariamente e como será feita a cobrança, através de "cliques ou impressões".

Figura 8.8– Definindo orçamento de campanha

Fonte: elaborada pelo autor.

10. Com a campanha configurada pode-se iniciar a criação dos anúncios. A primeira etapa é criar um Grupo de Anúncios e definir quais são as palavras-chave que devem ser associadas a esse grupo.

Figura 8.9 – Criando Grupo de Anúncios

Fonte: elaborada pelo autor.

11. Crie anúncios dentro do "Grupo de Anúncios". Podem-se criar quantos anúncios sejam desejados. Neles devem-se colocar: a *URL* do *Site*, assim como preencher os Títulos: 1, 2 e 3 e criar descrições atraentes para o público-alvo.

Figura 8.10 – Criando Anúncios

Fonte: elaborada pelo autor.

12. Ao final será apresentado um resumo da campanha contendo as principais informações. Confirme, se estiverem de acordo, e clique para "Confirmar".

Figura 8.11 – Resumo da Campanha

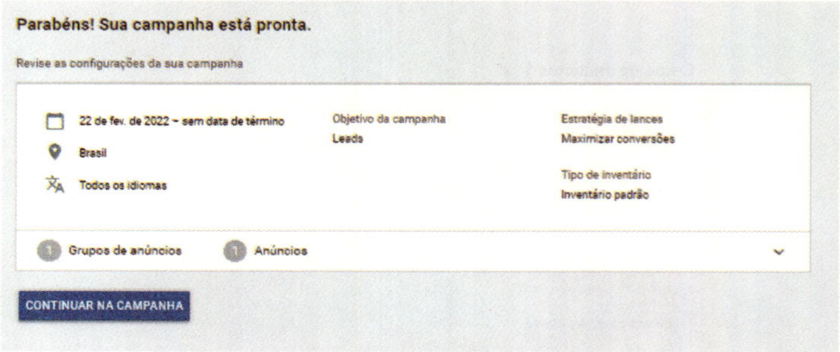

Fonte: elaborada pelo autor.

YouTube Ads

O *YouTube* é a maior plataforma de compartilhamento de vídeos e, também, o segundo buscador mais utilizado para a realização de pesquisas.

Sim, uma grande parte das pessoas buscam informações, tutoriais e respostas às perguntas no *YouTube*.

Só no Brasil, 80% das pessoas que têm acesso à Internet usam o *YouTube* pelo menos uma vez ao dia.

Para anunciar no *YouTube* os passos a serem seguidos são praticamente idênticos aos do *Google Ads*, porém, ao escolherem-se os objetivos do anúncio deve-se selecionar quais poderão, entre eles, ganhar anúncios em vídeo. Basicamente os únicos que não possuem essa opção são "Promoções de *App*" e "Visitas às lojas locais e promoções".

Dependendo do tipo de anúncio é necessário que o objetivo da campanha forneça acesso à Rede de *Display* do *Google*, tais como: os anúncios de visualização. Ou, então, ter acesso aos vídeos, tais como: os anúncios ignoráveis, não ignoráveis, de sobreposição, breves ou cartões patrocinados.

Figura 8.12 – Tipo de Campanha

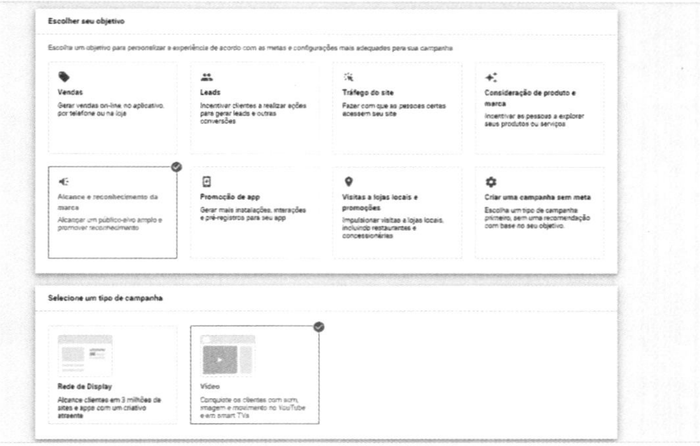

Fonte: elaborada pelo autor.

Em seguida, deve-se escolher qual é o tipo de anúncio desejado, podendo ser: uma campanha de alcance do vídeo, *Out-Stream* ou Sequência de anúncios.

Figura 8.13 – Subtipo de Campanha

Fonte: elaborada pelo autor.

Após, deve-se definir quais serão as configurações da Campanha, conforme realizado no *Google Ads*, selecionando-se: público-alvo, orçamento, etc. E, para finalizar, faz-se o *upload* do arquivo do anúncio que será veiculado no *YouTube*.

Figura 8.14 – *Upload* do Criativo

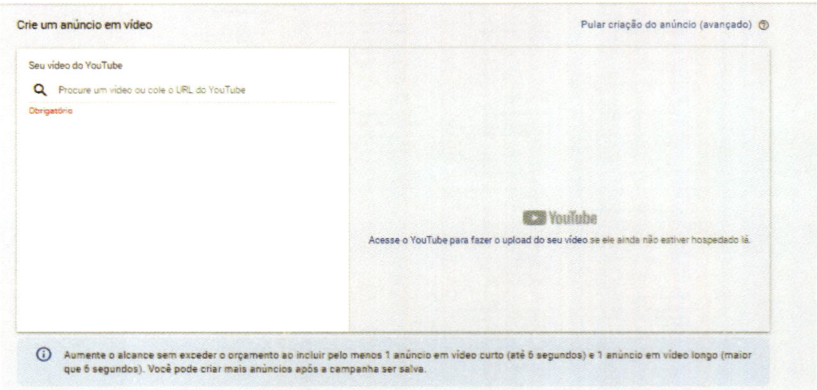

Fonte: elaborada pelo autor.

LinkedIn Ads

O *LinkedIn* foi criado para ser uma Rede Social que une profissionais e negócios e é focado no mundo corporativo. Como todas as outras Redes, é possível, também, veicularem-se anúncios nesta plataforma. Os anúncios no *LinkedIn* alcançam um público segmentado por: cargos, profissões, empresas e até mesmo investidores.

Para começar a anunciar no *LinkedIn* é necessário que se tenha uma Página Corporativa nessa Rede Social. A partir disso, basta seguir o passo a passo:

1. Acesse o Ger usos das palavras-chave são muito comuns em Mecanismos

2. de Buscas, por exemplo enciador de Campanhas do *LinkedIn* (https://www.linkedin.com/campaignmanager/new-advertiser) e crie uma conta de anúncios.

3. Primeiramente, solicita-se a criação de Grupos de Campanha que possuam semelhanças.
4. Após, devem ser definidos os objetivos da campanha, o *LinkedIn* apresenta os objetivos mais utilizados.

Figura 8.15 – Configurando Campanha

Fonte: elaborada pelo autor.

5. Escolha seu público e defina as características da *persona* que deseja atingir.
6. Selecione o formato do anúncio e inicie a criação dos anúncios, definindo: imagem, texto e demais informações. É possível adicionar um *link* que direcione sua Página de Ofertas ou, então, enviar um *link* externo cujo objetivo atinja àqueles que não possuam uma conta no *LinkedIn*, para que, então, possam acessar seus anúncios

Figura 8.16 – Formato de Anúncio

Fonte: elaborada pelo autor.

Obs.: Há uma limitação quanto ao número de caracteres, tanto para o título (máximo de 25 caracteres) quanto para o corpo do conteúdo (máximo de 75 caracteres), por isso é necessário que haja objetividade na criação.

7. Em seguida, selecione a forma de pagamento e o tipo de cobrança do anúncio: CPC (custo por clique) ou CPM (custo por mil impressões).

8. Defina o orçamento de sua campanha e qual é o período em que ela será veiculada.

9. É possível selecionar a opção "Acompanhamento de Conversão", com todos os dados a respeito do desempenho de sua campanha.

8.3 *Google Adsense*, Afiliados e Outras Estratégias

A *Internet* possibilita inúmeras formas de atrair o público e usar o espaço do seu *Site* como uma plataforma de anúncios. O *Google* e outras plataformas de anúncios oferecem a possibilidade de o seu anúncio aparecer em inúmeros *Sites* que fazem parte da Rede de *Display*.

Segundo o *Google*, os *Sites* que fazem parte de sua Rede de *Display* alcançam mais de 90% de usuários da Internet, no mundo todo, e é formada por mais de 2 milhões de *Websites*. Através de um Programa de Monetização é possível que um *Site* ou *Blog* de culinária, por exemplo, veicule anúncios de um restaurante em sua Página e, assim, gere renda de publicidade para o *Site*, consequentemente, mais visitas ao restaurante.

Google AdSense

O *Google AdSense* é uma ferramenta desenvolvida para unir quem possui um espaço para veiculação de anúncios com quem necessita anunciar.

Através dele é possível que o dono de um *Site*, *Blog* ou canal no *YouTube* obtenha lucros com a veiculação de anúncios de terceiros em seus espaços, gerando um benefício mútuo.

A monetização apenas acontece no momento que o usuário clica no anúncio exibido. Dessa maneira, ele recebe um valor pelo clique enquanto o anunciante direciona o visitante para seu *Site*.

O *AdSense* permite que sejam selecionados quais os tipos de anúncio serão ou não veiculados em cada espaço, então, é possível que seja escolhido apenas aquele que tem relevância com seu conteúdo e possa ser interessante para a audiência que o segue.

Para quem anuncia no *AdSense* esse formato é extremamente vantajoso, pois além de aumentar seu alcance de marca, sua campanha é direcionada para um público que está consumindo um conteúdo relacionado ao seu negócio.

Isso facilita a atração de um visitante mais qualificado e, também, com maiores possibilidades de conversão.

Marketing de Afiliados

Com certeza você já ouviu falar em comissão por venda, muito comum em algumas profissões mais tradicionais, tais como: corretor imobiliário, vendedor de automóveis, etc. Você sabia que ela também existe de modo parecido na Internet?

É o *Marketing* de Afiliados!

Ele consiste em que uma pessoa divulgue através de seu *Site*, *Blog* ou Redes Sociais um produto de um terceiro e, assim, receba uma comissão, caso um dos seus seguidores venha a comprar o produto graças ao seu *Marketing*.

O *Marketing de Afiliados* possui três partes: Comerciante/Criador, Afiliado e Consumidor.

a. Comerciante/Criador é aquele que desenvolve o produto ou solução para comercializar.

b. Afiliado é quem promove os produtos em seus *Sites*, *Blog*s ou Redes Sociais.

c. Consumidor é quem, através da indicação do afiliado, compra uma solução do Comerciante/Criador fazendo o sistema funcionar.

Para disponibilizar um produto e ele possa fazer parte da Rede de Afiliados é necessário que se utilize uma plataforma.

Atualmente, existem inúmeras delas, através das quais será cadastrada sua solução disponibilizando-a aos afiliados, com isso se associarão, realizando o *Marketing* junto à sua audiência.

E-mail Marketing

O *E-mail Marketing,* apesar de parecer algo fora de moda, é uma ferramenta que ainda traz excelentes resultados e possui um ótimo custo-benefício.

Por ser possível realizar uma campanha de envios de *e-mails* com grande alcance, sem consideráveis investimentos, suas vantagens serão muito interessantes para os negócios.

Através de uma campanha de e-mails em *Marketing* é possível divulgar seus produtos e suas soluções para uma base de clientes mantendo-os ativos e interessados na marca.

Unindo-se um conteúdo de valor com periodicidade e segmentação dos *leads* os resultados irão aparecer facilmente.

Google Meu Negócio

O *Google Meu Negócio* funciona como uma Rede Social para Negócios. Nele é possível cadastrar sua empresa e, assim, personalizar a forma como ela será apresentada nos resultados do *Google*.

Funciona como sua empresa e possui uma Página do *Google* com dados, tais como: horário de funcionamento, fotos, vídeos, endereço com a marcação no *Google Maps*, contatos e muito mais.

Aos usuários é possível interagirem deixando as avaliações e os comentários a respeito do negócio, portanto, gerando relacionamento entre cliente e empresa.

Ele é uma ferramenta gratuita e possui diversos dados que podem ser consultados, por exemplo: número de pesquisas, cliques ou contatos a partir de *link,* entre outros.

Marketplace

Quem realiza compras *online,* com certeza, em algum momento, já comprou em um *Marketplace.*

Mercado Livre, Olx, americanas.com e Magazine Luiza são alguns exemplos de *Marketplace* com os quais, provavelmente, você já manteve contato.

Com um conceito coletivo de vendas *online*, o *Marketplace* é uma plataforma à qual diferentes lojas anunciam seus produtos possibilitando ao cliente obter mais opções de escolha.

A principal diferença entre um *Marketplace* e *E-commerce* é que no *E-commerce* acessa-se a "Loja A" para comprar um produto vendido pela "Loja A", enquanto, no *Marketplace,* o usuário acessa a "Loja B" para comprar um produto que está sendo comercializado pela "Loja A".

Para quem vende produtos, o *Marketplace* é muito útil, principalmente com o aumento da visibilidade, o que possibilita aumentar as vendas.

COMO TORNAR MEU E-COMMERCE MAIS COMPETITIVO

9

Em meio à década de 1990 surgiu o primeiro *E-Commerce* no Brasil, ou seja, uma loja *online* de livros chamada Booknet, que antes de completar 5 anos foi comprada e ganhou o nome de Submarino.

Para 2023, sob a perspectiva da ABComm (Associação Brasileira de Comércio Eletrônico), os *E-Commerces* nacionais deverão movimentar cerca de 130 bilhões em faturamento atendendo mais de 100 milhões de consumidores virtuais.

Embaladas pela crescente tecnológica e pela mudança de hábitos de consumo, as lojas virtuais saíram da desconfiança para atingirem patamares inimagináveis em suas origens.

Atualmente existem *E-Commerces* contando com faturamentos bilionários, por exemplo, a Amazon; que no ano de 2020, durante uma pandemia, obteve um lucro líquido de 8,1 bilhões, apenas no Brasil.

Mas, o *E-Commerce* não se restringe apenas aos grandes *players*, pois a Internet é um espaço democrático através do qual pequenos, médios e grandes negócios possuem seu espaço e, por isso, podem encontrar seus clientes.

Porém, a concorrência é enorme, então, faz-se necessária a existência de um trabalho constante de: promoção, fidelização e busca pela qualidade e pela excelência.

9.1 Fidelize seus Clientes

Conquistar um cliente demanda o investimento, além de muito trabalho, porque é árduo o processo de atrair, educar e converter um cliente; por isso, deve-se cuidar desse cliente conquistado e fidelizá-lo, para que continue consumindo seus produtos e, ainda, transforme-se num promotor da marca.

CURIOSIDADE
Reter um cliente poderá custar 5 vezes menos do que conquistar um novo.

Apesar de o processo de fidelização ser menos oneroso à organização do que a angariação de novos clientes, apenas 18% investem no processo de fidelização contra 44% que focam seus esforços na aquisição.

Entenda que não se deve deixar de captar novos clientes, pois são eles que farão seu negócio ganhar escala e mudar de tamanho, porém a fidelização ajuda a manter uma base sólida que poderá vir a apoiar a empresa durante esse crescimento.

Antes de tudo, fidelização de clientes consiste em desenvolver um relacionamento entre a empresa e o consumidor através das experiências positivas.

Quantas vezes você preferiu comprar num determinado estabelecimento, que às vezes oferece um preço mais elevado que aquele que é do concorrente, porém, devido às experiências passadas em que você foi bem atendido ou em que a qualidade foi além da expectativa, então, tem a sua preferência? Isso é fidelização!

Como já falamos, a principal vantagem da fidelização é: vender para um mesmo cliente por várias vezes; isso fará com que seu CAC (Custo de Aquisição de Cliente) seja menor, porque todo o processo foi feito na primeira vez.

Outra vantagem é a de que o cliente fidelizado transformar-se-á num promotor da marca. Devido às experiências positivas que ele teve com sua empresa, certamente compartilhará suas avaliações com amigos ou parentes dele, inclusive, dentro da Internet. Isso gerará um *Marketing* de Indicação Natural, ou seja, sem custos para sua empresa.

Os consumidores, em maioria, buscam a Internet para conhecer mais sobre um produto ou serviço antes de adquiri-lo, com isso, o fato de possuir boas avaliações de seus clientes transmite credibilidade e segurança.

Um cliente que compra frequentemente em sua empresa ajuda a estabelecer uma previsibilidade de receita, através dos seguintes fatores:

a. Estudo da Frequência dessas compras;

b. Quanto é gasto;

c. Quantidade de possíveis novos clientes que são gerados por meio das indicações.

Existem, também, Clubes de Clientes e Programas de Vantagens, que ajudam a gerar rendas periódicas ao seu negócio através da fidelização.

Como é comum nos relacionamentos, é mais fácil receber os *feedbacks* e as sugestões dos clientes fidelizados, pois eles consomem os produtos assiduamente, portanto, sentem-se mais à vontade para compartilharem observações ou sugerirem melhorias.

Manter-se próximo ao seu cliente, mesmo após o fim da jornada de compras dele, proporciona um relacionamento que lhe oferecerá informações preciosas, que contribuirão para que se antecipem as novas demandas, sanem-se as dificuldades e, com isso, sua empresa esteja à frente de sua concorrência.

Na íntegra, fidelização é um processo que deve ser implantado à organização, desde a alta gerência até o atendimento, e pode ser iniciado através dos seguintes passos:

1. **Atendimento de qualidade** – imagina-se que muitos devem ter lido em *Blog*, Rede Social ou recebido por mensagem essa história...

   "Eu sou o homem que vai a um restaurante, senta-se à mesa e pacientemente espera, enquanto o garçom faz tudo, menos o meu pedido.

   Eu sou o homem que vai a uma loja e espera calado, enquanto os vendedores terminam suas conversas particulares.

   Eu sou o homem que entra num posto de gasolina e nunca toca a buzina, mas espera pacientemente que o empregado termine a leitura do seu jornal.

   Eu sou o homem que, quando entra num estabelecimento comercial, parece estar pedindo um favor, ansiando por um sorriso ou esperando apenas ser notado.

Eu sou o homem que entra num banco e aguarda tranquilamente que as recepcionistas e os caixas terminem de conversar com seus amigos, e espera.

Eu sou o homem que explica sua desesperada e imediata necessidade de uma peça, mas não reclama pacientemente enquanto os funcionários trocam ideias entre si ou, simplesmente, abaixam a cabeça e fingem não me ver.

Você deve estar pensando que sou uma pessoa quieta, paciente, do tipo que nunca cria problemas.

Engana-se.

Sabe quem eu sou?

EU SOU O CLIENTE QUE NUNCA MAIS VOLTARÁ!

Divirto-me vendo milhões sendo gastos todos os anos em anúncios de toda ordem, para levar-me de novo à sua firma.

Quando fui lá, pela primeira vez, tudo o que deviam ter feito era apenas a pequena gentileza, tão barata, de me enviar um pouco mais de CORTESIA".

"CLIENTES PODEM DEMITIR TODOS DE UMA EMPRESA, DO ALTO EXECUTIVO PARA BAIXO, SIMPLESMENTE GASTANDO SEU DINHEIRO EM ALGUM OUTRO LUGAR".

(Sam Walton, fundador do Walmart, em discurso num Programa de Treinamento aos funcionários dele).

Atender ao cliente com educação, cortesia e atenção é o primeiro passo para a fidelização, um item tão básico que, às vezes, passa despercebido diante da estratégia da empresa.

Um atendimento diferenciado inicia-se através de uma equipe bem treinada que saiba, também:

a. Como o cliente deve ser atendido;

b. Como ajudar a sanar as dúvidas; e

c. Como se adaptar às diferentes situações.

Oferecer diferentes formas de contato, por exemplo: *chats*, *e-mails*, telefones ou outros canais, assim como responder rapidamente aos questionamentos demonstra a importância que se dá ao cliente e às demandas dele.

Saiba que o atendimento não termina quando a compra é finalizada, pois o processo de pós-venda deve receber tanto a atenção quanto a comercialização do produto, afinal a experiência com a solução que você busca passa, também, pela entrega e pela qualidade do produto recebido.

2. **Faça ações promocionais** – premiar clientes recorrentes através de descontos ou facilidades é uma maneira de fidelizar sua clientela e estimulá-los a consumir ainda mais em sua empresa. Existem ações que facilitam essa interação, por exemplo:

   a. **Marcos de sucesso** – estratégia que encoraja seu cliente a manter o relacionamento com sua empresa através de descontos progressivos, de acordo com compras realizadas. É muito comum atualmente os "apps" de compras oferecerem cupons com descontos para compras posteriores, este é apenas um exemplo.

   b. **Programa de pontos** – consiste em recompensar o cliente com pontos, de acordo com as compras que ele realiza em um determinado período. Após um período, esse cliente poderá juntar os pontos recebidos e trocar por vantagens, por exemplo: descontos, produtos, etc.

   c. *Cash back* – uma evolução do Programa de Pontos em que o cliente recebe uma porcentagem do valor gasto numa compra para consumir novamente dentro da organização.

   d. **Descontos em datas especiais** – ao possuir os dados do cliente, por exemplo: a data do aniversário dele; é possível elaborar campanhas direcionadas a fim de presenteá-lo e estimulá-lo a consumir na sua empresa oferecendo um desconto para as compras durante o mês de aniversário dele.

e. **Ações promocionais exclusivas** – ao possuir uma base de clientes fiéis é possível desenvolver ações exclusivas para eles, que receberão, com prioridade, novidades e descontos. A divulgação dessas ações estimula aqueles clientes que ainda não fazem parte dos clubes a que se associem para receber essas vantagens.

3. **Atenção ao pós-venda** – depois da finalização da compra será iniciado o pós-venda. Um processo tão importante quanto a jornada de compra do pós-venda poderá consolidar as percepções positivas que o cliente teve durante a jornada dele ou destruí-las diante de uma experiência negativa, que maculará todo o processo.

No pós-venda evidencia-se a preocupação da empresa em relação a fidelizar seu consumidor. Nessa etapa deve-se buscar que todos os processos que acontecem após a venda ocorram em normalidade.

Problemas advindos da entrega é disparadamente uma das principais reclamações. Algumas falhas percebidas são: os atrasos, as faltas de peças, as cores ou os tamanhos errados, dentre outros itens. É lógico que existem problemas que fogem ao controle da empresa, tais como: greve em empresas de logística, problemas no transporte, dentre outros; porém, cabe à empresa preocupar-se e dispor de processos que busquem resolver, o mais rápido possível e de forma transparente, os problemas constatados.

Entretanto, não imagine o pós-venda apenas sendo a entrega do produto. Ele pode ser melhor aproveitado e obter melhores resultados quando utilizado em sua plenitude.

Ensinar a seu cliente como ele deve utilizar corretamente e completamente o produto adquirido através do envio de materiais complementares ou da produção de conteúdo irá nutrir o mútuo relacionamento.

9.2 Fique por dentro das tendências

O sonho de todos aqueles que empreendem é estar um passo à frente nos negócios. O fato de poder se antecipar às tendências e ser o pioneiro em novidades poderá render bons lucros.

Para isso deve-se, constantemente, buscar informação de qualidade e atentar-se às novidades que surgem todos os dias.

A Kodak, antes do surgimento das câmeras digitais, dominava o negócio mundial da fotografia, desde a produção da câmera de fotografar às impressões das fotos, tudo praticamente passava "pelas mãos" dela.

Porém, essa empresa perdeu a soberania no mercado devido à chegada das câmeras digitais e à falta da visão que, mesmo quando tinha um projeto de câmera digital engavetado em fábrica desde 1989, via os lucros através das vendas de filmes e das revelações, que eram maiores do que por meio das vendas de câmeras, por isso os concorrentes vieram a ultrapassá-la.

Novas ideias surgem, assim como produtos são criados diariamente, portanto seu negócio poderá prejudicar-se ou beneficiar-se desses fatores.

Para não ficar para trás diante da corrida para o sucesso esteja atento e busque informações em diferentes locais, por exemplo:

a. **Acompanhe as páginas especializadas** – existem inúmeras páginas, *Blogs* e fóruns sobre uma infinidade de assuntos. Eles(as) abrangem, desde assuntos mais comuns, tais como: culinária; até extremamente específicos, tais como: biotecnologia. Devido à constante interação realizada nessas plataformas as novidades são constantemente apresentadas e discutidas, transformando-se num ótimo termômetro à comunidade e, também, num celeiro de oportunidades a serem descobertas.

b. **Faça *Benchmarking*** – o *Benchmarking* consiste em: pesquisar o que sua concorrência está fazendo e analisar seus produtos, serviços, processos ou desempenhos relacionados ao seu negócio. Monitorar o mercado poderá facilitar a descoberta de pontos vulneráveis que precisam ser eliminados, bem como a descoberta de oportunidades a serem aproveitadas. Junto dessa pesquisa é possível identificar novas tendências e sair à frente da concorrência.

c. **Escute sua audiência** – diariamente as pessoas compartilham experiências em Redes Sociais, *Blogs* e Páginas que permitem interatividade. Através destes meios elas expõem as necessidades, percepções e desejos que as cercam. Saber ouvir seu público e extrair as informações importantes para seu negócio o colocará à frente no mercado. Todo produto criado parte da identificação de uma necessidade existente ou ainda não percebida pelo consumidor.

9.3 Google Analytics

Você conhece:

a. Quantas pessoas visitam sua página todos os dias?

b. Quais são as origens às quais elas pertencem?

c. Quais são as línguas que elas falam?

d. Qual é o horário de maior audiência?

Todas essas perguntas podem ser e são respondidas através de uma ferramenta gratuita que o *Google* disponibiliza, é o *Google Analytics*.

Esse serviço de monitoramento funciona por meio de um código de rastreamento que é adicionado às programações de *Sites* ou aplicativos. Com ele é possível que sejam coletados dados de: acesso, comportamento do usuário e navegação.

Diferentemente das Redes Sociais e das outras plataformas que geram relatórios e os fornecem ao seu usuário a todo momento, o *Site* da sua empresa não possui todas as ferramentas necessárias para fornecer esses dados; por isso, o *Google Analytics* é tão importante, pois a gama de informações que ele fornece em tempo real é enorme e, isso, irá auxiliá-lo frente às tomadas de decisões e à elaboração das estratégias.

Figura 9.1 – *Google Analytics*

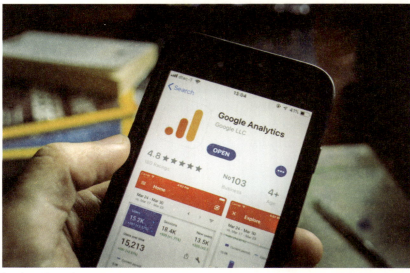

Fonte: Stock.adobe.com/Wachiwit

Através do *Google Analytics* é possível controlar:

- **Origem das visitas** – o *Google Analytics* permite saber quais são as origens dos visitantes que chegam ao seu *Site*. Com os dados disponíveis identifica-se se o visitante chegou até sua página por: origem direta, pesquisa, anúncio, *ban-*

ner, backlinks ou *Redes* Sociais. Essa mensuração também informa qual é o tipo de dispositivo que foi utilizado, por exemplo: *mobile, tablets* ou computadores. Esses dados ajudam a otimizar sua campanha e direcionar seus esforços. Se os seus clientes são prioritariamente advindos das Redes Sociais, então você poderá criar uma campanha exclusiva nesses canais. Se o dispositivo mais utilizado for o celular é possível otimizar a versão de sua página para celular para que haja uma melhor experiência.

◖ **Perfil dos visitantes** – toda informação a respeito de nosso público é importante para a criação das *personas* dos clientes ideais. Conhecer as informações relacionadas ao sexo, à idade, à região onde mora, à língua que fala e aos interesses permite o aperfeiçoamento da definição da *persona*.

O *Google Analytics* oferece informações que permitem conhecer melhor esses detalhes a respeito dos visitantes que chegam ao *Site*. Esses tipos de dados permitem reconhecer se os conteúdos gerados e as estratégias executadas estão corretos(as), assim, atraindo o público certo.

Figura 9.2 – Dados de interesse disponibilizados pelo *Google Analytics*

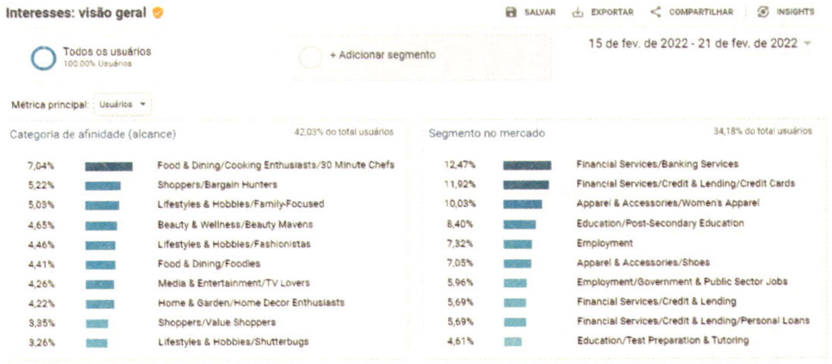

Fonte: elaborada pelo autor.

◖ **Conversão dos canais** – sabemos que para atrair novos visitantes devem-se utilizar as diversas estratégias, por exemplo: anúncio pago, criação de conteúdo, *SEO* ou Redes Sociais; também, é essencial reconhecer quais entre elas são as mais rentáveis. Os dados disponíveis no Analytics contêm a informação da origem do visitante e, com isso, identifica-se qual é o canal que traz maior número de visitantes, assim é possível otimizar o investimento para aquilo que realmente traz resultados.

◀ **Conteúdo relevante** – *Google Analytics* oferece dados gerais sobre o *Site,* mas, também, sobre cada página que o compõe. Dessa forma é possível identificar:

1. Qual foi o conteúdo mais acessado;

2. Qual foi o conteúdo que obteve melhor desempenho diante da retenção do visitante; e

3. Qual foi o conteúdo que não cumpriu a função.

Essas informações são muito úteis quando se trabalha com *Marketing* de Conteúdo, pois através desses dados descobre-se qual é o interesse do visitante, por isso a produção do conteúdo é direcionada ao atendimento dessa demanda.

Figura 9.3 – Desempenho das páginas no *Google Analytics*

	Página	Visualizações de página	Visualizações de páginas únicas	Tempo médio na página	Entradas	Taxa de rejeição	Porcentagem de saída	Valor da página
		589 Porcentagem do total: 100,00% (589)	**512** Porcentagem do total: 100,00% (512)	**00:03:17** Média de visualizações: 00:03:17 (0,00%)	**458** Porcentagem do total: 100,00% (458)	**86,68%** Média de visualizações: 86,68% (0,00%)	**77,76%** Média de visualizações: 77,76% (0,00%)	**R$ 0,00** Porcentagem do total: 0,00% (R$ 0,00)
☐	1. /	136 (23,09%)	95 (18,55%)	00:02:07	88 (19,21%)	69,32%	59,56%	R$ 0,00 (0,00%)
☐	2. /blog/negocios/como-guardar-dinheiro-ganhando-1000-reais/	103 (17,49%)	97 (18,95%)	00:07:46	97 (21,18%)	92,78%	93,20%	R$ 0,00 (0,00%)
☐	3. /blog/marketing-de-relacionamento/melhor-empresa-de-marketing-multinivel-do-brasil/	78 (13,24%)	69 (13,48%)	00:03:28	69 (15,07%)	86,96%	82,05%	R$ 0,00 (0,00%)
☐	4. /blog/negocios/como-poupar-dinheiro-ganhando-um-salario-minimo/	45 (7,64%)	43 (8,40%)	00:10:43	43 (9,39%)	93,02%	93,33%	R$ 0,00 (0,00%)
☐	5. /blog/estilo-de-vida/quais-os-beneficios-do-sal-marinho-para-a-pele/	36 (6,11%)	35 (6,84%)	00:03:53	35 (7,64%)	97,14%	97,22%	R$ 0,00 (0,00%)
☐	6. /blog/marketing-de-relacionamento/afiliado-marketing-digital/	21 (3,57%)	20 (3,91%)	00:19:04	20 (4,37%)	95,00%	95,24%	R$ 0,00 (0,00%)

Fonte: elaborada pelo autor.

◀ **Acompanhar resultados** – entre suas estratégias de *Marketing* programa-se o envio de *E-mails Marketing* numa data comemorativa para gerar tráfego ao seu *Site.*

◀ 198 ▶

Através de *URLs* rastreáveis é possível que se identifique no *Google Analytics* quais foram os visitantes oriundos dessa ação e quais caminhos eles seguiram dentro de seu *Site*, assim, obtendo-se uma radiografia da campanha diante dos dados como, por exemplo, as visitas geradas e as conversões obtidas.

Figura 9.4 – Resultados de Campanha

Alcance	Frequência	Custo por 1.000 pessoas alcançadas	Impressões	CPM (custo por 1.000 impressões)
85.469	1,05	R$ 8,10	89.488	R$ 7,74
113.575	1,06	R$ 6,13	119.994	R$ 5,80
153.371	1,02	R$ 4,64	156.844	R$ 4,54
20.292	1,10	R$ 6,09	22.323	R$ 5,54
69.049	1,09	R$ 4,74	75.298	R$ 4,35
76.377	1,18	R$ 3,12	90.320	R$ 2,64
28.088	1,06	R$ 7,12	29.693	R$ 6,74
52.865	1,23	R$ 3,78	64.857	R$ 3,08
34.936	1,13	R$ 5,72	39.464	R$ 5,07
27.824	1,08	R$ 4,31	29.913	R$ 4,01
33.144	1,19	R$ 3,62	39.313	R$ 3,05
19.524	1,18	R$ 7,66	23.073	R$ 6,50
52.448	1,22	R$ 3,81	64.071	R$ 3,12
28.639	1,12	R$ 6,98	32.213	R$ 6,21
10.546	1,01	R$ 7,11	10.680	R$ 7,02
25.864	1,58	R$ 3,87	40.747	R$ 2,45
30.624	1,15	R$ 3,27	35.323	R$ 2,83
–	–	–	–	–
1.554	1,41	R$ 64,21	2.194	R$ 45,48
3.707.499	1,70	R$ 7,49	6.317.784	R$ 4,40

Fonte: elaborada pelo autor.

- **Gerar relatórios** – o *Analytics* possibilita a geração de diferentes tipos de relatórios de acordo com suas metas e seus objetivos. É possível que sejam relacionados os resultados obtidos na ferramenta com aqueles que são disponibilizados por outros canais, por exemplo: o *Facebook Ads*.

O próprio *Analytics já disponibiliza relatórios* pré-formatados que podem ser acessados, tais como: o Relatório de Páginas de Entrada, os Novos e Antigos Seguidores e a Aquisição de Tráfego. Contudo, se preferir, é possível criar um relatório personalizado de acordo com suas necessidades.

Instalando o *Google Analytics*

Para que o *Google Analytics* possa coletar os dados do seu *Site* é necessário:

1. Possuir uma conta do *Google* e acessar o endereço: https://analytics.google.com

2. Selecionar a opção: "Avaliação Gratuita" – para criar uma conta.

3. Configurar sua conta preenchendo os dados, tais como: Nome da Conta, e escolher as opções de compartilhamento de dados.

4. Configurar uma propriedade em sua conta do *Google Analytics*. Uma propriedade poderá ser: seu *Site*, *Blog* ou Aplicativo.

Figura 9.5 – Configurando a propriedade no *Google Analytics*

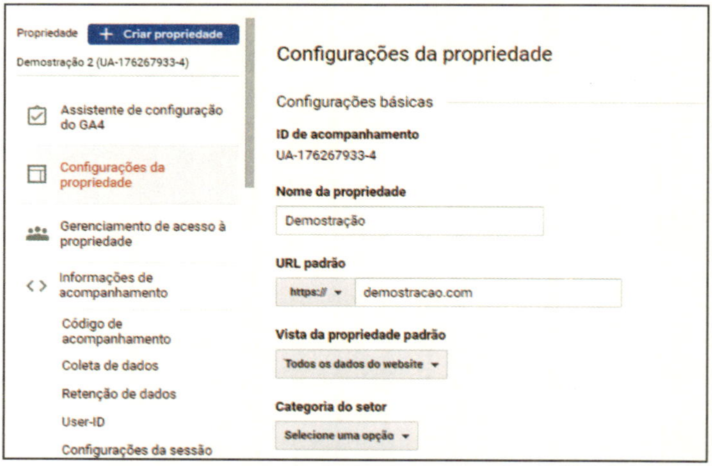

Fonte: elaborada pelo autor.

5. Completar as informações sobre seu negócio e sobre quais são os objetivos que você pretende com o *Google Analytics*.

6. Copiar o código de rastreamento gerado pelo *Analytics* e adicioná-lo em todas as páginas do *Site*. Para esse trabalho

recomenda-se que ele seja realizado por um desenvolvedor de *Sites* em páginas mais complexas. *Sites* que foram desenvolvidos em *WordPress*, por exemplo, possuem um *plugin* que facilita a adição do código.

7. Para acessar o código, clique sobre o ícone "Administrador", depois em "Informações de acompanhamento" e, em seguida, em "Código de Acompanhamento". Dentro dessa seção há o código que deve ser copiado.

Figura 9.6 – Código de rastreamento do *Google Analytics*

Fonte: elaborada pelo autor.

9.4 Otimize os anúncios já criados

A criação de anúncios tem como objetivo a geração de resultados voltados ao seu negócio, por isso o investimento realizado nessa estratégia deve ser otimizado ao máximo.

Com o passar do tempo identifica-se, através dos resultados, quais são as possibilidades de melhoria em suas campanhas de anúncios para que se obtenha uma melhor *performance*.

Mas, antes de começar a otimizar seus anúncios, você deve voltar ao início de todas as informações sobre o planejamento da Campanha de Anúncios.

Toda campanha possui um objetivo que é gerar: *leads*, tráfego, engajamento, etc., então, a partir desses objetivos devem ser criados os anúncios.

Afinal, quando um anúncio é criado, cujo objetivo seja o de gerar engajamento, não se deve esperar pelos resultados expressivos em conversão.

Com o planejamento claro da campanha e os objetivos estabelecidos poderá iniciar-se a avaliação da campanha:

1. **Tenha critérios de desempenho definidos** – para poder avaliar se um anúncio tem um desempenho bom ou ruim é necessário que, previamente, você tenha estabelecido critérios de avaliação. De acordo com seu objetivo de campanha deverá ser selecionado o critério mais adequado. Por exemplo, em uma campanha cujo objetivo seja a geração de *Leads*, o indicador de desempenho a ser analisado poderá ser o custo por *Lead*, em que o sucesso de um anúncio pode ser o de obter esse custo abaixo de um valor pré-definido. É interessante estabelecerem-se valores de referência que definem se sua campanha está com um desempenho bom, regular ou ruim.

2. **Defina os próximos passos** – ao veicularem-se os anúncios não se deve esperar o fim do período da campanha para que os resultados sejam mensurados. O acompanhamento deverá ser feito diariamente, preferencialmente, a fim de evitar o desperdício dos recursos em anúncios que não estão com bom desempenho. Com os critérios já definidos será fácil identificar como vai a *performance* dos anúncios e, com isso, realizar ações com mais rapidez. Num anúncio em que, segundo seu critério definido, existe um péssimo desempenho, a primeira ação a ser realizada é pausar a veiculação evitando que ele prejudique os resultados e os recursos sejam realocados em criativos que estão tendo desempenho acima da média. Anúncios consi-

derados regulares, que não estão com *performance* positiva ou negativa possuem potenciais de melhorias, por isso devem ser analisados e modificados para obterem melhores resultados.

3. **Identifique a causa do problema** – descobrir o porquê de seu anúncio não estar obtendo o desempenho esperado é a parte mais difícil do processo. Agora terá de realizar-se um processo de investigação minucioso que encontre as causas do problema. Para facilitar esse processo pode ser usada uma ferramenta da qualidade muito utilizada em indústrias: Os 5 porquês!

Os 5 porquês consistem em que após ser definido o problema deve-se questionar o porquê por cinco vezes até que a verdadeira causa seja descoberta. Não é necessário que se chegue ao quinto porquê, pois, para que se descubra qual é a causa, isso poderá ocorrer já nas primeiras perguntas, muitas vezes.

Imagine que esteja sendo veiculada uma campanha de fim de ano e o custo por *Lead* esteja acima do valor estipulado no seu planejamento. Com isso é necessário descobrir o que pode estar causando esse desempenho ruim.

O primeiro passo é questionar o porquê de o custo do *Lead* estar caro.

Para responder essa pergunta é necessário saber quais são os critérios que influenciam no custo do *Lead*. Neste caso, um dos principais é o CTR (Número de Cliques dividido pelo Número de Impressões do Anúncio). Um CTR abaixo da média não trará bons resultados.

Agora, deve-se responder outra pergunta:

— Por que o CTR está abaixo da média?

Novamente deve-se buscar os principais fatores que influenciam o CTR, que são uma frequência de veiculação do anúncio para o mesmo usuário, muito alta ou problemas com o criativo do anúncio (*copy* ou arte gráfica com problemas). Nes-

MARKETING DE PERFORMANCE

te caso a frequência está normal. Assim, analisando-se a arte do anúncio foi possível perceber que ela incentiva o engajamento e não a geração de *Leads*. Com isso, respondendo a algumas perguntas, encontrou-se a possível causa do problema do anúncio, portanto será possível melhorá-lo para que ele obtenha melhores resultados.

Após as mudanças continue acompanhando os resultados, mas entenda que é importante aguardar um tempo para que a campanha amadureça e, então, apresente resultados, tanto no início quanto após as mudanças.

É necessária a espera, pelo menos por alguns dias, de preferência semanas, para que se obtenham os resultados concretos e, assim, possam ser realizadas as mudanças.

Escreva com suas próprias palavras: por que devo fidelizar meus clientes?

_____

_____

_____

_____

Quantas pessoas visitaram a página?

_____

_____

_____

Quais são as origens delas?

_____

_____

_____

_____

Qual é o horário de maior audiência?

_____

_____

_____

_____

Qual foi o conteúdo mais acessado?

_____

_____

_____

_____

Qual foi o conteúdo que obteve melhor desempenho diante da retenção do visitante?

_____

_____

_____

_____

Qual foi o conteúdo que não cumpriu a função?

_____

_____

_____

_____

Caro leitor, vamos ligar alguns pontos e aproveitar estas informações para revisar os Canvas "Persona" e "Proposta de Valor".

Aliás, o Canvas é um organismo vivo e deve ser sempre revisado.

A VERDADE POR TRÁS DO *MARKETING DIGITAL*

10

MARKETING DE PERFORMANCE

No decorrer de todos os anos percebe-se um aumento constante no faturamento das empresas através das vendas *online,* assim como, a cada dia, empresas entendem sobre a importância de atuarem no meio digital.

Em um universo ao qual o país inteiro está inserido, cerca de 90% da população está conectada à Internet, portanto, são inúmeras as possibilidades de negócios disponíveis.

A mobilidade proporcionada pelos *smartphones,* a velocidade da Internet Móvel, o surgimento de Aplicativos, assim como as Redes que conectam as pessoas, proporcionaram condições propícias para que o cenário atual fosse criado.

Junto a todas essas inovações, o *Marketing Digital* consolidou-se e tomou um lugar de destaque dentro das estratégias das organizações.

Independentemente do tamanho do negócio, – se grande ou pequeno, se possuindo centenas de funcionários ou apenas um, – o *Marketing Digital* proporciona as mesmas oportunidades para todos.

Mas, afinal, você sabe definir o que é *Marketing Digital*?

Bem, passamos por diferentes estratégias e conceitos que fazem parte do *Marketing Digital*. Entendemos o que é "Funil de Vendas", Tráfego Orgânico e Pago, Anúncios em Redes Sociais e, também, que criar conteúdo de valor é tão importante que comercializar um produto de qualidade.

Marketing Digital é *Marketing*, então, é estratégia criada e desenvolvida para ser utilizada no meio digital, contudo continua sendo: *Marketing.*

Desse modo, tudo que é feito no mundo *online* deve estar alinhado às estratégias *offlines,* ou seja, as estratégias precisam ter as mesmas essências. Um consumidor não pode perceber a empresa física e a virtual sendo diferentes, elas têm de ser extensões uma da outra.

Com isso, não basta criar seu *Site* e ter um perfil em uma Rede Social para obter sucesso nos negócios, esse é apenas o primeiro passo, aliás, o mais básico, que apenas lhe fornece a entrada no mundo *online*.

É necessário criar um planejamento para sua presença no mundo digital, estipular objetivos e metas e, também, saber como você deseja se comunicar com sua audiência.

Criar conteúdo de valor, investir em tráfego pago, otimizar seu *Site* para os Mecanismos de Busca são estratégias que exigirão tempo e investimento e, ainda, que trarão resultados, de modos diferentes e em tempos diferentes, desde que bem-feitas.

Os meios digitais podem ser a extensão da sua empresa ou, ela inteira, então, saber o que deseja dessa ferramenta ajudará você a alcançar o sucesso em seus objetivos.

10.1 Tenha objetivos

Ao iniciar uma caminhada sempre há dois marcos: início e fim. É necessário, inicialmente, definir onde você deseja chegar, pois, se não houver destino, qualquer caminho servirá, e existirão diversas opções.

Quando se inicia uma estratégia de *Marketing Digital,* os objetivos de cada ação são as linhas de chegadas, porque eles que determinam quais serão os caminhos a serem tomados, para que se obtenham os melhores resultados.

Conteúdos serão desenvolvidos, públicos serão definidos, anúncios serão criados e resultados serão mensurados através dos objetivos, tudo isso alinhado à jornada de compra do cliente.

Cada etapa da jornada de compra possui características únicas e, dessa forma, os objetivos são diferentes em cada fase. Primeira etapa pode ser a de gerar tráfego, depois, engajamento e, por último, conversão.

MARKETING DE PERFORMANCE

Quadro 10.1 – Etapa da jornada de compra *versus* objetivos

Etapa da Jornada de Compra	Objetivos
Reconhecimento	Aumentar o reconhecimento de marca.
	Apresentar produtos.
Consideração	Gerar visitas ao *Site*.
	Aumentar engajamento.
	Divulgar ofertas.
	Aumentar seguidores.
	Gerar visualização de postagem.
Decisão	Gerar orçamentos.
	Gerar vendas.
	Gerar visitas à loja física.
	Gerar inscrições para um evento.

Fonte: elaborado pelo autor.

Vender mais, fidelizar seu cliente, ganhar autoridade ou engajar sua audiência são diferentes objetivos que vão demandar diferentes estratégias, por isso é interessante conhecê-lo, para escolher qual é a melhor opção.

Vender mais

Vender e faturar é o objetivo de toda organização que visa o lucro, todas as ações diretas e indiretas têm o objetivo final que é vender.

Não seria diferente no *Marketing Digital*, porque vender é um dos objetivos e, com certeza, o mais utilizado pelas empresas. Isso ocorre pelo simples fato de que produtos e serviços não se vendem sozinhos.

Você já deve ter ouvido falar em: "4Ps de *Marketing* (Produto, Praça, Preço e Promoção)". Um bom produto necessita:

a. Oferecer um preço competitivo;

b. Estar disponível ao público nos locais que contenham maiores potenciais de consumo; e

c. Ser promovido para o público certo.

Hoje a Internet é uma das praças que contém um potencial enorme, mas, mesmo um produto que é bom e que apresenta um preço competitivo, se não apresentar nenhum tipo de estratégia para que o público saiba que ele existe e precisa dele, não irá vender.

Fidelizar clientes

Já vimos, diversas vezes, que manter um cliente é mais barato do que conquistar um novo. Um cliente leal negociará com sua empresa por inúmeras vezes, além de que, ele poderá vir a tornar-se promotor e defensor da sua marca.

O *Marketing Digital* ajuda a manter a relação com o cliente constante, não deixando que seu concorrente ocupe o espaço, que pertence a você, dentro da mente do consumidor.

Ações, tais como: gerar conteúdo que o ajude mesmo após a compra, administrar processos de pós-venda ou solicitar *feedbacks* mantêm sua comunicação ativa com o consumidor e, também, mostra a ele qual é a importância que você tem diante do negócio.

Visibilidade para marca e produtos

Lembra-se daquele ditado...?

— "Precisa ser visto para ser lembrado".

Este ditado aplica-se a todo produto ou negócio. Para que os consumidores consumam o seu produto eles devem conhecer a sua existência e saber quais soluções são oferecidas.

O *Marketing Digital* ajuda-lhe a trazer visibilidade para seu negócio, de forma direcionada e organizada, sempre buscando atingir o público que realmente irá consumir seus produtos nos canais e nos momentos corretos.

Construir autoridade no segmento

São bilhões de pessoas, milhões de páginas e uma infinidade de conteúdos disponíveis na Internet. Como, então, ser ouvido em meio a essa imensa multidão, poder comunicar suas ideias e apresentar suas soluções?

Necessita-se, para isso, gerar autoridade no segmento em que se atua, através de uma produção de conteúdo constante, de grande valor para sua audiência.

Uma empresa que conhece o próprio segmento irá demonstrar ao seu público o quanto o entende e, também, que ela pode suprir as necessidades dele, portanto, transmitirá maior segurança, convencendo sua audiência a consumir junto dela.

Resultados melhores dentro dos mecanismos de buscas

Através dos Mecanismos de Buscas, grande parcela dos visitantes chega à sua empresa. Desse modo, é por meio das palavras-chave relacionadas ao seu negócio, que alguém realiza uma pesquisa que, por sua vez, mostra o seu negócio como sendo uma das opções.

Porém, além de seu negócio existem inúmeros outros que atendem o mesmo mercado e possuem soluções parecidas, além de também disputarem a atenção de seu cliente e os melhores lugares dentro dos Buscadores.

Por esse motivo, aparecer em primeiro lugar nas páginas de pesquisas poderá ser uma vantagem a mais no mundo competitivo dos negócios.

Produzir conteúdo e otimizar o *SEO* do *Site são algumas* das formas que o *Marketing Digital* lança como auxílio, sendo também um objetivo.

Engajar sua audiência

Engajamento é uma palavra-chave dentro do *Marketing Digital*. Certamente, você já ouviu ou pensou sobre a necessidade de aumentar seu engajamento. Importante para aumentar o alcance e a relevância do negócio dentro do mundo digital, ele também ajuda a criar relacionamento, nutri-lo e convertê-lo em vendas.

O perfil do consumidor atual é: comunicativo e investigador; portanto, ele gosta de compartilhar as experiências dele com a marca e, também, busca informações sempre que deseja algo novo.

10.2 Estratégias geram resultados

O troféu em linha de chegada é a coroação para um trabalho bem-feito e significa que os resultados foram obtidos. Porém, até receber a bandeirada foi preciso percorrer um longo caminho repleto de obstáculos, curvas e adversários querendo o primeiro lugar.

Por isso, para obter os resultados esperados é necessário conhecer e utilizar os meios corretos, dentro do *Marketing Digital*, que recebe o nome de estratégia.

Cada estratégia utilizada contribuirá para o alcance de um objetivo, que deverá ser traçado da melhor maneira.

Inbound marketing

Sinônimo de *Marketing* de Atração, *Inbound Marketing* é uma estratégia que visa ser encontrada pelas pessoas.

O objetivo do *Inbound Marketing* é entender as "dores" e necessidades das pessoas para, através de um canal de comunicação, por exemplo: *Site*, *Blog* ou Redes Sociais, oferecer uma solução que atenda esses desejos.

A principal maneira de fazer *Inbound Marketing* deverá ser através da criação de conteúdo que contenha qualidade e extrema relevância para seu público.

Marketing de conteúdo

O ponto de partida à busca por informações na Internet, na maioria das vezes, é feito através dos Mecanismos de Busca.

Para um melhor posicionamento nessas plataformas, também uma melhor presença em todas as etapas da jornada de compra, torna-se necessário oferecer um conteúdo que atraia e converta o usuário.

O *Marketing* de Conteúdo possui a função de criar e publicar conteúdo relevante e valioso que realize esses objetivos.

Isso é possível, através da distribuição de conteúdos em diferentes locais da Internet com os quais sua *persona* interage.

Os meios mais comuns para a realização dessa estratégia são: *Sites*, *Blog*s e Redes Sociais.

E-mail marketing

Com a função de fortalecer sua marca, vender, comunicar-se com clientes, e clientes potenciais, o *E-mail Marketing* consiste num processo de envio de mensagens cujos objetivos são as gerações das relações comerciais para um grupo de contatos.

Poder comunicar-se diretamente com o usuário traz resultados positivos através da segmentação da lista de contatos, de acordo com o estágio que cada *Lead* se situa no funil de vendas.

Existem diversos tipos de *E-mails Marketing* que podem ser utilizados, cada qual com objetivo específico, por exemplo: informar, educar e converter.

SEO – Search Engine Optimization

Ser a primeira opção para o usuário não é uma garantia de sucesso, mas é uma grande probabilidade de que esse desejo venha a tornar-se realidade.

Sabendo que a busca por informações na Internet passa pelos Motores de Buscas, estar bem-posicionado nas páginas de pesquisa, de forma orgânica, é essencial.

Otimizar as Páginas de seu *Site* para que, – tanto a navegação do usuário quanto a dos robôs do *Google*, – possam lê-las com facilidade, pois, se aliadas às estratégias de *Marketing de Conteúdo* elas possibilitarão a melhoria da posição do seu negócio nas Páginas de Buscas.

SAIBA MAIS

51% dos usuários de: smartphones; descobriram uma nova empresa ou um novo produto enquanto realizavam pesquisas.

Fonte: Hubspot

Publicidade

Estratégias pagas no *Marketing* Digital oferecem uma velocidade de resultados maior que outras. Além disso, com todas as opções de segmentação e direcionamento de público, os retornos obtidos são muito qualificados.

Google Ads, *Facebook Ads*, Redes de *Display*, entre outros recursos, são opções para divulgar suas soluções a uma audiência que ainda não o conhece ou promover um produto em lançamento.

Gestão de *leads*

Gerir um *Lead* é acompanhar e guiar toda sua trajetória pelo funil de vendas, até o momento de conversão e no pós-venda.

Durante esse processo o *Lead* será atraído, qualificado e nutrido até estar pronto para a conversão. Mesmo após a conversão deve ser feito um acompanhamento desse *Lead* para que ele retorne e realize mais negócios com a organização.

Portanto, quanto mais *Leads* você tiver, maior será a necessidade de ter mecanismos para essa gestão, sendo eles humanos ou automatizações.

Automação de *marketing*

Gerir dezenas ou centenas de *Leads* é um processo que pode ser realizado sem o auxílio de ferramentas específicas para essa função. Porém, quando o negócio ganha escala, então, um Sistema de Automação de *Marketing* torna-se necessário e imprescindível, para que as oportunidades não se percam.

Através dele é possível:

a. Gerir;

b. Segmentar os *Leads;*

c. Criar estratégias de campanhas para cada segmento, através de ações automatizadas pré-definidas.

10.3 Entregue conteúdo de valor

Vivemos dentro da Era da informação, na qual ocorrem, todos os dias, diversas transformações, principalmente digitais, em que a informação é privilegiada, junto da tecnologia.

A Indústria Tradicional deixa de ser destaque e o Mundo Digital ganha força. Computadores, *smartphones* e conectividades proporcionadas pela Internet propõem a existência de novos modelos de negócio.

Junto a essa Terceira Revolução Industrial os hábitos de consumo também são alterados. O consumidor, agora, possui acesso aos diferentes canais de informação e pode selecionar o que deseja consumir.

SAIBA MAIS
90% dos usuários não se decidiram sobre adquirir determinada marca antes de fazerem pesquisas.

Fonte: Hubspot

Mídias tradicionais perdem o monopólio sobre informação e publicidade, portanto, abrem caminho para que surjam novas formas de apresentar suas soluções ao público e, também, que sejam utilizadas por todos.

Essa democratização dos meios é extremamente benéfica, afinal, todos possuem acessos a praticamente as mesmas oportunidades, para comunicarem-se com sua audiência, porém, da mesma forma, a concorrência é acirrada e cada pedaço de mercado é extremamente disputado.

— Como se destacar em meio à multidão?

Compartilhando conteúdo de valor que detenha qualidade e seja relevante para sua audiência, transmitindo um conhecimento, assim como educando-a sobre um tema.

"Informação Relevante", leva-nos a crer que tenha de ser algo complexo, mas, não! Tem que ser útil, ou seja, deve ajudar o usuário a resolver um problema; mesmo que simples.

Dessa forma, gera-se interesse no usuário, para conhecer mais sobre: seus conteúdos, seu negócio e as soluções que você lhe oferece.

Através do conteúdo gerado, seus clientes encontrarão seu negócio quando realizarem uma pesquisa nos Mecanismos de Busca, tais como: *Google*; já que um dos critérios para ranqueamento das páginas nos resultados de pesquisa é a relevância de seu conteúdo à pergunta feita.

Sendo assim: quanto mais conteúdo for gerado, maiores serão as possibilidades de o usuário encontrar a sua empresa. Por isso, importante é diversificar a produção de conteúdo, relacionando as soluções com as "dores" dos usuários.

Uma empresa que aluga máquinas para a limpeza de estofados ou tapetes deve focar sua produção de conteúdo nas "dores" dos clientes, portanto, criar conteúdos que os auxiliem a saná-las. Exemplo:

- "Como retirar as manchas de vinho".
- "Três formas de desencardir os tecidos claros".
- "Como evitar que seu sofá desbote".

Estes são alguns conteúdos que combatem as "dores" da audiência, porém, não vendem seu produto.

No entanto, essa troca ajuda a gerar identificação entre os usuários e a organização, até criar um relacionamento de confiança que poderá se transformar em um negócio entre empresa e cliente.

Afinal, o consumidor terá a preferência da solução da sua empresa, que o ajudou em outras vezes com conteúdo de valor, do que a do seu concorrente que não lhe ofereceu nada.

Um conteúdo de valor é um conteúdo autêntico e original, copiar não o ajudará a ganhar a autoridade em sua área , mas, sim, apenas ser "mais do mesmo".

Busque inovar a forma de entrega do seu conteúdo explorando as ferramentas disponíveis na Internet. Texto, vídeo, foto, infográfico, questionários, *lives,* entre outras possibilidades, estão à disposição para serem usadas, basta testar e descobrir qual seu público prefere.

SAIBA MAIS
Nos últimos dez anos, conteúdos multimídia e interativos cresceram, em detrimento dos textos.

Fonte: Internet World Stats.

Entregar esse conteúdo constantemente precisa ser uma rotina na empresa. Tão importante quanto atender ao público e aperfeiçoar seus produtos, cita-se a frequência, que estimula o usuário a buscar e esperar o conteúdo, portanto, cria-se uma relação de dependência.

SAIBA MAIS

54% dos consumidores desejam: ver mais conteúdos de uma marca ou empresa que apreciam.

Fonte: Hubspot.

Diante do seu conteúdo reconhecido e valorizado, você irá se transformar em referência, em seu segmento entre clientes e, inclusive, concorrentes. Sua palavra terá maior peso e influenciará nas decisões.

A influência é uma palavra forte, mas é ela quem o ajudará a guiar o visitante recém-chegado ao seu *Site* através de uma pesquisa, a se transformar num *Lead*, – que passará pelas diferentes etapas do funil de vendas influenciado pelo conteúdo que será gerado para cada fase, até que ele esteja pronto para a conversão.

Criar esse conteúdo de valor é uma constante experimentação e um constante estudo, pois, para ensinar é preciso estudar, assim como conhecer as ferramentas disponíveis e o que elas oferecem.

Quadro 10.2 – Dicas para criar conteúdo

	Para criar um conteúdo de valor e, também, relevante para sua audiência, é necessário saber:
Conheça sua persona	a) Quem é ela;
	b) Quais são os desejos, dores e necessidades dela;
	c) Em quais canais ela prefere consumir conteúdo; e
	d) Qual é a melhor forma de transmitir esse conteúdo.

MARKETING DE PERFORMANCE

Palavras-chave	Qualquer busca é realizada a partir de termos-chaves que ajudam os motores de busca a encontrarem os melhores resultados. Utilizar essas palavras nos títulos ou no meio do conteúdo facilitará que elas sejam encontradas no momento da procura. Para que haja sucesso no uso das palavras-chave é importante pesquisar e identificar: – Quais são as palavras-chave que trarão os resultados esperados?
Faça Testes	Não existe fórmula mágica na produção e na distribuição de conteúdo. Um formato que teve sucesso junto a um público poderá não ter o mesmo desempenho com outro. Por isso, testar faz parte do processo, bem como analisar os resultados e identificar: – O que foi bem? – O que foi mal?
Benchmarking	Saber o que seus concorrentes estão fazendo e o que está trazendo-lhes resultados é uma forma de descobrir tendências e de acompanhar as novidades. Utilizar os concorrentes como régua de avaliação para seu conteúdo possibilita saber quão autêntico e original está seu conteúdo e como ele pode ser melhorado.
Hashtags	As *hashtags* funcionam como tagueamento de conteúdo nas Redes Sociais. Ao atribuir uma *hashtag* a um conteúdo você sinaliza as plataformas que sua foto, texto ou vídeo pertence àquele universo e pode ser acessada quando esse termo é buscado. Acompanhar essas *hashtags* indica quais são as tendências e o que está em alta na comunidade.
Avalie os resultados	Acompanha de perto os resultados de suas publicações em todos os canais que utiliza. Com esses dados é possível verificar: – O que interessa à sua audiência? – Quais são os formatos que tiveram melhores resultados? – O que é que seu público não deseja consumir?

Fonte: elaborado pelo autor

10.4 Estude e mantenha-se atualizado(a)

Tudo muda, muito rapidamente, em um universo tão tecnológico, principalmente no meio voltado à Internet. A cada minuto surge uma novidade, inovação ou nova forma de relacionar-se com sua audiência e plataformas.

Por isso, é importante estar constantemente conectado e atento às novidades do mercado que podem influenciar sobre os resultados de seus negócios.

Os algoritmos das Redes Sociais e os Mecanismos de Busca, por exemplo: *Google;* estão em constante evolução e mudam periodicamente, de acordo com as bases e diretrizes que as empresas entendem ser ideais.

O algoritmo do *Google* passou por mais uma evolução no início de 2021, o que ocasionou mudanças em alguns fatores que influenciam o ranqueamento, adicionando os indicadores de experiência do usuário, por exemplo.

Quadro 10.3 – Principais atualizações do algoritmo do *Google*

Algoritmo/Ano	Atualização
Florida/2003	Primeira atualização do *Google* que adicionou o *SEO* como sendo um grande protagonista, com ela cerca de 50% dos *Sites* foram removidos devido às más práticas e à baixa qualidade.
Panda/2011	Atingiu cerca de 12% dos *Sites*, penalizando-os devido a que apresentaram conteúdo de baixa qualidade ou por conter muitos anúncios.
Penguin/2012	Lançada para combater os *Sites* que abusavam da otimização de conteúdo com táticas, tais como: *Keyword Stuffing* (excesso de palavras-chave).
Hummingbird/2013	Revisão completa do algoritmo. Com ela os resultados contemplaram mais do que apenas as palavras-chave, mas, também, sinônimos e contextos em que são inseridos.

Fred/2017	Lançada para combater os *Sites* que contêm assuntos de baixa qualidade ou muitos *banners* de propaganda.
EAT/2019	Estabeleceu a diretriz de que a produção de conteúdo de qualidade poderia conter credenciais e formações de autores, além da relevância das empresas possuindo relação direta com os resultados orgânicos dos conteúdos.
Atualização de diversidade/2019	Com essa atualização, cada *Site* poderia ter apenas dois resultados na primeira página da *SERP*. Portais que continham várias páginas tiveram seus alcances reduzidos.

Fonte: elaborado pelo autor.

Pela evolução do algoritmo torna-se claro que a todo momento a plataforma busca melhorar a experiência do usuário, filtrando e privilegiando os resultados que realmente irão responder às perguntas.

Redes Sociais, por exemplo: *Facebook*, *Instagram* e *YouTube;* constantemente mudam os algoritmos e as formas como os conteúdos são apresentados aos usuários. Postagens são distribuídas para públicos maiores de acordo com critérios que creditam relevâncias dos seus conteúdos aos públicos destinados.

A constante busca por conhecimento, assim como a atenção às novidades, deixarão você preparado para adaptar-se a cada evolução das plataformas e a estar adiantado em relação à concorrência.

REFERÊNCIAS

ABREU, Leandro. **53 estatísticas de Marketing de Conteúdo para você se convencer a investir nessa estratégia agora mesmo**. Rock Content, 2020. Disponível em: https://rockcontent.com/br/blog/estatisticas-marketing-de-conteudo/. Acesso em: 1 set. 2021.

AHLGREN, Matt. **100 + estatísticas e fatos da internet para 2021**. Website Posting Rating. 2021. Disponível em: https://www.websitehosting-rating.com/pt/internet-statistics-facts/. Acesso em: 13 ago. 2021.

AIRBNB. 2021. Disponível em: https://www.airbnb.com.br/. Acesso em: 1 nov. 2021.

ALI, Ara. **Here's what happens every minute on the internet in 2020**. Visual Capitalist. 2020. Disponível em: https://www.visualcapitalist.com/every-minute-internet-2020/. Acesso em: 1 set. 2021.

AN, Mimi. **Content trends**: preferences emerge along generational fault lines. HubSpot. 2017. Disponível em: https://blog.hubspot.com/marketing/content-trends-preferences. Acesso em: 10 set. 2021.

BORGES, Charles. **121 estatísticas de Email Marketing essenciais para sua campanha**. Rock Content. 2019. Disponível em: https://rockcontent.com/br/blog/estatisticas-de-email-marketing/. Acesso em: 13 ago. 2021.

CAMPOS, Nara. **Consumo das redes sociais no Brasil durante a pandemia de Coronavírus**. Comscore. 2020. Disponível em: https://www.comscore.com/por/Insights/Blog/Consumo-das-redes-sociais-no-Brasil-durante-a-pandemia-de-Coronavirus. Acesso em: 13 ago. 2021.

CONSUMERS Connecting With Companies. Disponível em: https://www.customerthermometer.com/consumers-connecting-with-companies/. Acesso em: 18 ago. 2021.

DEARO, Guilherme. **Anúncios de marcas na internet**: 56% dos usuários clicam nos links. Exame. 2021. Disponível em: https://exame.com/marketing/anuncios-de-marcas-na-internet-56-dos-usuarios-clicam-nos-links/. Acesso em: 13 ago. 2021.

DESIDÉRIO, Mariana. **Dafiti fatura R$ 3,4 bilhões em 2020 e quer ser a Netflix da moda**. Exame. 2021. Disponível em: https://exame.com/negocios/dafiti-fatura-r-34-bilhoes-em-2020-e-quer-ser-a-netflix-da-moda/. Acesso em: 13 ago. 2021

E-COMMERCE cresce 72% em faturamento em 2021: como aproveitar essa onda?. Olhar Digital. 2021. Disponível em: https://olhardigital.com.br/2021/06/30/guia-do-empreendedor/e-commerce-cresce-72-em-faturamento-em-2021-como-aproveitar-essa-onda/. Acesso em: 1 nov. 2021.

CONHEÇA a história da Internet, sua finalidade e qual o cenário atual. Rock Content. 2020. Disponível em: https://https://rockcontent.com/br/blog/historia-da-internet>. Acesso em: 13 ago. 2021.

FOLADOR, Manoela. **Tempo de resposta ao Lead**: como aumentar vendas melhorando essa métrica?. Resultados Digitias. 2019. Disponível em: https://resultadosdigitais.com.br/blog/tempo-de-resposta/. Acesso em: 13 ago. 2021.

GARRET JR. Gilson. "**Instagram não é mais um app para compartilhar fotos**", diz chefe da rede. Exame, 2021. Disponível em: https://exame.com/tecnologia/instagram-nao-e-mais-um-app-para-compartilhar-fotos-diz-chefe-da-rede/. Acesso em: 1 set. 2021.

GUIA MICHELIN, Disponível em: https://guide.michelin.com/br/pt_BR/about-us. Acesso em: 1 nov. 2021.

INTERNET Live Stats. 2021. Disponível em: https://www.internetlivestats.com/google-search-statistics/#share. Acesso em: 1 nov. 2021.

KEMP, Simon. **Digital 2020**: Global Digital Overview. DataReportal. 2020. Disponível em: https://datareportal.com/reports/digital-2020-global-digital-overview. Acesso em: 1 set. 2021.

KOTLER, P.; KARTAJAYA, H.; SETIAWAN, I. **Marketing 4.0**: Mudança do Tradicional para o Digital. Coimbra: Conjuntura Actual Editora, 2017.

MESQUITA, Renato. Quer ajudar o seu departamento de vendas? Invista na nutrição de leads. 2018. Disponível em: https://rockcontent.com/br/blog/nutricao-leads/. Acesso em: 1 nov. 2021.

MINIWATTS Marketing Group. **Internet World Stats** - usage and population statitistics. Internet World Stats. 2021. Disponível em: https://www.internetworldstats.com/stats.htm. Acesso em: 10 set. 2021.

MOHSIN, Maryam. **8 Estatísticas sobre compras online para o ano de 2021**. Oberlo. 2021. Disponível em: https://www.oberlo.com.br/blog/estatisticas-compras-online. Acesso em: 13 ago. 2021.

MORENO, Diego. **Brasileiro fica 3 horas e 31 minutos por dia nas redes sociais**. Agência Visia. 2020. Disponível em: https://www.agenciavisia.com.br/news/brasileiro-fica-3-horas-e-31-minutos--por-dia-nas-redes-sociais/. Acesso em: 1 nov. 2021.

NZN Intelligence. **Compra online já é preferência de 74% dos consumidores brasileiros**. NZN Intelligence. 2019. Disponível em: https://intelligence.nzn.io/compra-online-ja-e-preferencia-de-74-dos-consumidores-brasileiroslevantamento-realizado-pelo-nzn-intelligence-aponta-que-habitos-de-consumo--vem-mudando-entre-os-brasileiros/. Acesso em: 13 ago. 2021.

ORGANIC vs PPC in 2021: the CTR results. Zero Limit Web. 2020. Disponível em: https://www.zerolimitweb.com/organic-vs-ppc--2021-ctr-results-best-practices/. Acesso em: 8 set. 2021.

PETRESCU, Philip. **Google organic click-through rates in 2014**. Moz. 2021. Disponível em: https://moz.com/blog/google-organic--click-through-rates-in-2014. Acesso em: 13 ago. 2021.

USO das redes sociais no Brasil: o poder das redes no cotidiano dos brasileiros. Web Company. 2019. Disponível em: https://webcompany.com.br/o-poder-das-redes-sociais-no-cotidiano-dos-brasileiros/. Acesso em: 13 ago. 2021.

NUTRIÇÃO de Leads: o que é, quais os benefícios e como configurar seus fluxos automáticos. 2019. Disponível em: https://resultadosdigitais.com.br/blog/o-que-e-nutricao-de-leads/. Acesso em: 1 nov. 2021.

RESULTADOS Digitais. 2021. Disponível em: https://resultadosdigitais.com.br/blog/redes-sociais-mais-usadas-no-brasil/ Acesso em: 1 nov. 2021.

RONDINELLI, Julia. **Primeiro trimestre de 2021**: vendas no e-commerce têm alta de 57,4% em comparação ao mesmo período de 2020. E-Commerce Brasil. 2021. Disponível em: https://www.ecommercebrasil.com.br/noticias/primeiro-trimestre-de--2021-vendas-alta-de-57. Acesso em: 13 ago. 2021.

ROSA, Eduardo Garcia. **2020 tem disparada em reclamações por atraso na entrega de produtos**. Reclame AQUI. 2021. Disponível em: https://noticias.reclameaqui.com.br/noticias/2020-tem-disparada-em-reclamacoes-por-atraso-na-entrega-de-p_4111/. Acesso em: 25 ago. 2021.

SACCHETTO, Filipe; CLEMENTE, Carlos; RABELO, Agnes. **Content Trends**: tendências do marketing de conteúdo. Rockcontent. 2019. Acesso em: 1 nov. 2021.

VALENTE, Jonas. **Acesso à internet é exclusivo no celular para 59% no Brasil**. Agência Brasil. 2020. Disponível em: https://agenciabrasil.ebc.com.br/geral/noticia/2020-05/acesso-internet-e--exclusivo-no-celular-para-59-no-brasil. Acesso em: 13 ago. 2021.

WARD, M. **Celebrating 40 years of the net**. BBC News. 2009. Disponível em: http://news.bbc.co.uk/2/hi/technology/8331253.stm. Acesso em: 10 dez. 2021.

LEIA TAMBÉM DO JOSÉ PAULO, PhD

Empresário serial especializado em mentoria de pessoas, o autor discute esse viés nas relações e se dedica, principalmente, a socializar ensinamentos para aumentar o poder do leitor com a intenção de servir melhor o mundo. "A influência deve ser usada para ajudar no desenvolvimento e melhoria de outras pessoas, empresas e organizações", diz. 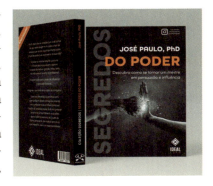 Por que algumas pessoas se destacam mais que outras? A pergunta, recorrente, encontra em Segredos do Poder, senão as respostas, os instrumentos necessários àqueles que buscam transformar seu propósito de vida em sucesso.

 De vendedor de sacolas a fundador de um grupo multimilionário. O empresário serial **José Paulo Pereira** Silva compartilha experiências, obstáculos e estratégias que o levaram a ser um dos maiores cases de sucesso nas diversas áreas em que empreendeu.

QUEM SOMOS?

A Ideal Books ganhou vida por acreditar que o conhecimento é uma das maiores ferramentas de poder para transformar as pessoas, afinal, é por meio das pessoas que mudamos a realidade do mundo. Por essa razão, diante de tantos cenários caóticos, com informações falsas e dúvidas sobre quais são os caminhos certos e errados, a nossa missão ganha cada vez mais força, pois a verdade é libertadora e permite que homens e mulheres façam suas próprias escolhas com segurança.

Somos inquietos, queremos um país melhor, e é por meio dos nossos livros e produtos com metodologias comprovadas e da nossa cultura empreendedora de resultados que vamos levar conhecimento aplicado a todos que buscam transformação de vida e de negócios. Foi por isso que a Ideal Books desenvolveu dois selos para ensinar a todos como conquistar equilíbrio e resultados com perenidade, ética e verdade: o selo Ideal Business, que distribui conhecimento voltado para todo o universo empreendedor, e o selo Ideal Life, que distribui conhecimento voltado ao desenvolvimento pessoal.

A Ideal Books é uma editora do Grupo Ideal Trends, um conglomerado de empresas multimilionário, íntegro e antenado com as principais demandas do mercado. Temos a certeza de que, com a nossa estrutura, métodos e a missão em espalhar a verdade, temos o mapa perfeito para potencializar qualquer expert que esteja alinhado com os nossos princípios e valores.

Conheça nossa loja!

BÔNUS

Escaneie o QRCode a seguir e tenha acesso ao conteúdo Bônus Exclusivo deste livro.

VEJA MAIS SOBRE EVENTOS QUE O JOSÉ PAULO PARTICIPOU PELO MUNDO DESTE LIVRO

JOSÉ PAULO NO EVENTO TRAFFIC & CONVERSION SUMMIT 2016.

JOSÉ PAULO PRESENTE NO MAIOR EVENTO DE INBOUND DO MUNDO EM BOSTON, MASSACHUSETTS (EUA), EM BUSCA DE INOVAÇÕES PARA O GIT.

NA TECH CRUNCH, EM SÃO FRANCISCO, UM DOS MAIORES PORTAIS DO MUNDO, ESPECIALIZADO EM TECNOLOGIA, SEMPRE POR DENTRO DAS NOVIDADES NO SETOR.

NO ESCRITÓRIO DA ROCKET SPACE DE SÃO FRANCISCO, UMA GIGANTE NA ACELERAÇÃO DE EMPRESAS E PROJETOS DE TECNOLOGIA, TENDO NO SEU PORTFÓLIO UNICÓRNIOS COMO UBER, AIRBNB, SPOTIFY E GRANDES MARCAS COMO AT&T, ABINBEV, MICROSOFT, ENTRE OUTRAS.

JOSÉ PAULO NO VALE DO SILÍCIO, EM VISITA À EMPRESA SEQUOIA INVESTMENT, ESPECIALISTA NO INVESTIMENTO EM EMPRESAS DE TECNOLOGIA COMO APPLE, GOOGLE, LINKEDIN, ORACLE E INSTAGRAM.

JOSÉ PAULO EM VISITA À SEDE DO GOOGLE, EM MOUNTAIN VIEW, CALIFÓRNIA (EUA), LOCAL QUE GERA MUITAS INSPIRAÇÕES PARA AS EMPRESAS DO GRUPO.

JOSÉ PAULO EM VISITA À ACELERADORA NA QUAL TEVE INÍCIO O INSTAGRAM.